JN314812

音楽療法のためのオリジナル曲集

だれかの音がする

［編集］鈴木祐仁

春秋社

まえがき

　毎日、さまざまな場に人々が集まり、お互いの音楽の混ざり合いが起きていることでしょう。音楽は発する先から消えていきますが、その場を共有している人々にしみこみ、人とともに移動し、また時間と場所と相手をかえ、混ざり合い、また時間と場所と相手をかえ……さまざまな音楽は1つの樹形図のようにつながっているのかもしれません。その様子を思い浮かべ、自分が今している音楽の素になっている音楽はどういうものか、考えるのは楽しいことです。

　「音楽療法のためのオリジナル曲集」と名づけられた最初の曲集『静かな森の大きな木』が刊行されたのは、2001年10月。以来、版を重ねながら「しずもり」という略称で呼ばれるほどになり、今も日々たくさんの音楽療法の現場で活用されています。「しずもり」は国内の音楽療法の現場発の、対象者とセラピストのやりとりの中から生まれた音楽活動が、楽譜に解説を加えた形で一冊にまとまり公刊された初めての例です。その意味づけや文章として解説すべきことなど、基本的な枠組みを試行錯誤のうえにつくられたのが編者の生野里花氏・二俣泉氏でした。
　「しずもり」刊行から約10年、そのあいだにどんな音楽が現場から生まれたのか？　という私の個人的興味を春秋社の片桐氏にお話ししたことが、本書出版のきっかけです。片桐氏はかねてから、新しい人脈とアイデアを導入した、「しずもり」とはまた違う個性を持った続編の構想をもっており、私は『静かな森の大きな木』から伸びる一本の枝でありながら、何かしらの「アドバンス」を感じさせる曲集を……と考えていました。そして以前、「しずもり」にならって私が製作した勤務先の学生たちの曲集を氏と見ながら、漠然としたイメージを話し合い、続編の方向性を模索していきました。
　編集にあたり、まず、収録のためのいくつかの基準を設けました。言葉とメロディの関連性や和音・音階が工夫されている曲。冒険できる可能性を持つ曲。楽譜の「正調」性を主張しない、構造が変化に開けている曲……などなど。しかし、楽曲提供者から寄せられた音楽に触れているうちに、音楽はそもそも変化しないでいるほうが難しいし、大小はともかく、冒険をはらんでいる。そしてセッションの音楽を工夫しないわけがない……ということに気づきました。文章にしてみると、どれもごくあたりまえのことですが、それに気づいたことで、自分で設けた基準は失われ、あとに1つのコンセプトが残りました。それは「音楽療法で使われている音楽の多様さの何かをあらわすこと」。

音楽の要素は、それ自体が意味を持っているのではなく、用いる人が意味を見いだします。ゆえにそれらは多義的です。また、セッションで使う楽譜は臨床目標の達成を保証するものではなく、ある瞬間に必要な音楽を取捨選択し書きとめた、いわば「地図」です。セッションの音楽は、まず対象者がいて、療法士が出会い、作られます。では療法士自身は、楽譜という（仮の）宣言に至るまで、どのように音を選び、どんな思索のプロセスを踏んできたのでしょう？

　これは、私が常に興味を持っていることです。ですから本書の製作を方便として、楽曲提供者の皆さんにそのことを書いていただきました。それが本曲集の解説に新しく加えた項目、「この音楽にたどりつくまで」です。

　この項目は、それぞれの療法士が対象者を思い浮かべ、向かい合いながら個人的・音楽的な探索をしたことの記録でもあります。そしてこの記録から、複数の、同じ和音や旋法を使った楽曲を照らし合わせたとき、1つの音楽要素から見いだせる意味の多様さを感じられるかもしれません。あるいは、これから作曲に取り組もうとしている人々にとっては、必要な音を見つけるための発想の手がかりになるかもしれません。

　また本書では試みとして、僭越ながら各楽曲に編者がひと言ずつコメントを添えました。紙面ではどうしても一方通行になってしまいますが、読者の皆さんにもし機会があれば、収録曲について音を出しながら仲間と語りあったり、私のコメントの否定や肯定から始めて、ご自身の音楽について考えをめぐらせたりしていただければ何よりです。

　製作過程は手探りの連続でした。たくさんの方々の手を借り、出版にたどりつくことができました。生野里花氏は、数年前、私が「新しい楽曲集」について電子メールでお話した際、架空の本であるにもかかわらずコンセプトを固める対話の相手となっていただき、本書の企画が動き始めた時には、その対話内容をまとめて送ってくださいました。思えばこれが本書のスタートです。そして二俣泉氏には製作上のアドヴァイスをいただきました。第1曲集『静かな森の大きな木』の編者であるお二人に、まず感謝申し上げます。それから、楽曲提供者の皆さんはもちろんのこと、読者の皆さん、春秋社の片桐（近藤）文子氏、また、お会いしたことはありませんが、本書に収録された音楽が生まれるきっかけとなった対象者の皆さんにも同様に感謝申し上げます。

　願わくは、この曲集をステップとして、第3、第4の曲集が生まれますことを。

　手探り……音楽するのと一緒だな、などと考えつつ。

　　　　　2010年夏

　　　　　　　　　　　　　　　　　　　　　　　　　　　鈴木　祐仁

目次 ❈ だれかの音がする

　　　まえがき（鈴木祐仁） i

❈ 活動のはじまり
『音楽はじめよう』 小柳玲子（作） 4
『こんにちは』 岸加代子（作） 7
『握手でこんにちは』 鈴木祐仁（作） 10

❈ かかわる・呼びかける
『次はなんだろな』 岸加代子（作） 14
『どこから出るかな』 岸加代子（作） 16
『ちいさい○○ちゃんのおてて』 二俣裕美子（作） 18
『だっこだっこ』 二俣泉（作） 20
『カバサをならそう』 二俣泉（作） 22
『どうぞ、ありがとう』 岸加代子（作） 24
『フィンガーシンバル鳴らそう』 岸加代子（作） 26
『Rubato Set』 鈴木祐仁（作） 28
『Je sonne』 桜井三月（作） 30

❈ すごす・よりそう
『ビート・フィリング（Beat Filling）』 生野里花（作） 34
『かいじゅうのごはん』 守重絵美子（作） 38
『accompany song #1』 鈴木祐仁（作） 41
『だれかの音がする』 鈴木祐仁（作） 44
『その手で』 小川裕子（作）／木下さつき（編） 47
『無調即興』 生野里花（作） 52

❈ 考える・表現する
『カレーライスのうた』 小柳玲子（作） 59
『タイコジャム』 橋本優子（作） 62

『ズン・ズン・チャッ！　ズン・ズン・チャッ‼』　松﨑聡子（作）　65
『まねっこしよう』　青木久美（作）　68
『同じものはどれ？』　飯島千佳（作）　72
『マレットで何ができるかな？』　高田由利子（作）　75

❖ 声をつかって

『声をだそう』　小柳玲子（作）　80
『どんな声？』　鈴木祐仁（作）　82
『らら・ララ・LaLa』　桜井三月（作）　84

❖ 身体をつかって

『はらのへったへびのはなし』　鈴木祐仁（作）　89
『ゆらゆら○○ちゃん』　松﨑聡子（作）　92
『タンブリンたたこう』　岸加代子（作）　95
『手をたたこう』　岸加代子（作）　98
『Clapper』　鈴木祐仁（作）　100
『手をならそう』　飯島千佳（作）　104
『Small Jig』　松尾香織（作）　107
『Stomp, Clap & Blow』　茂庭雅恵（作）　110

❖ 奏でる……打楽器を中心に

『マツリバヤシ』　小柳玲子（作）　114
『とんとんとん』　岸加代子（作）　116
『太鼓とシンバル』　高橋友子（作）　118
『ふたりの太鼓、1・2・3』　高橋友子（作）　120
『ぽかぽかマンボ』　茂庭雅恵（作）　123
『大きく鳴らそう小さく叩こう』　青木久美（作）　126
『順番にたたこ！』　小柳玲子（作）　130
『アゴギロブギ』　原千晶（作）　132
『Acanthus』　鈴木祐仁（作）　135

❖ 奏でる……ピッチ楽器を中心に

『ピンポン』 岸加代子（作） 140
『アラビアの鐘』 岸加代子（作） 142
『ベル note』 小柳玲子（作） 144
『about Echo』 鈴木祐仁（作） 146
『Tones』 松尾香織（作） 148
『Bells for Two』 鈴木祐仁（作） 150
『Small Waltz』 松尾香織（作） 152
『ふたりの音』 小川裕子（作） 154
『音積み木ならそうよ』 岸加代子（作） 156
『冬の朝』 高田由利子（作） 158
『みんなのやさしいおと』 青木久美（作） 160
『みんなの音』 飯島千佳（作） 164

❖ 奏でる……楽団のように

『Ear Contact』 松尾香織（作） 168
『Old Tune』 茂庭雅恵・鈴木祐仁（共作） 171
『Veil』 茂庭雅恵・鈴木祐仁（共作） 174
『Salvia Spires』 鈴木祐仁（作） 177

❖ 活動のおわりに

『さようなら Good Bye!』 小川裕子（作） 182
『さっよな〜ら』 桜井三月（作） 184
『みんなにばいばい』 桜井三月（作） 186
『さようなら、またこんど』 小柳玲子（作） 188
『おわりの曲』 守重絵美子（作） 190
『sayonarAz』 鈴木祐仁（作） 192
『またこんど　げんきでね』 松尾香織（作） 195
『みんなでさようなら』 青木久美（作） 198

音楽療法のためのオリジナル曲集

だれかの音がする

凡 例

　解説および楽譜に記されている使用楽器は、「例」としてあげたものですので、それぞれの現場に応じて、臨機応変に楽器を使い分けて下さい。

　本曲集には、いくつかの音程を選び、組み合わせて使用する楽器（ベル、ラッパ、音積み木、トーンチャイムなど）が登場します。これを本曲集では「**ピッチ楽器**」という言葉で表します。各曲の使用楽器の詳細は解説をご参照ください。これらはメーカーごとにさまざまな名称が用いられていることから、本曲集では以下のように、表記の統一をしました。

▶「**ベル**」……手に持って鳴らすハンドベルや、「ベルハーモニー」など卓上型のベルをさします。卓上型のベルは、楽器に内蔵されたハンマーを楽器上部のボタンを押して演奏します。

▶「**ラッパ**」……リード・ホーンまたはクワイヤーホーンなど、ラッパの形をしていて、歌口の内部にリードの入っている単音の吹奏楽器です。

▶「**音積み木**」……チャイム・バー、サウンド・ブロック、リゾネーター・ベルなどと呼ばれている、音板の下に共鳴箱のついた単音の鉄琴です。また、メタロフォンと呼ばれる楽器のように、1つの共鳴箱に音板を任意に並べられる楽器も含みます。

▶「**ウィンド・チャイム**」……水平に設置された木製の板に、複数の金属製の細いバーが吊るされている楽器をさしています。メーカーによって「ツリーチャイム」と呼ばれている場合もあります。

▶「**シンバル**」……本曲集では、スティックやマレットで演奏する、スタンドに取り付けたシンバルをさします。「サスペンド・シンバル」も同義です。

活動のはじまり

『音楽はじめよう』　小柳玲子（作）

❈曲の成り立ち
　夕方遅くからセッションが始まる高学年のグループ。「さあ元気に！」ともいかない時間帯。聴いているうちにだんだんとメンバーの顔が上がってくる……そんなふうにセッションが始まればいいな、と思ってつくりました。「5までは数えられるんです」とお母さんが教えてくれたQ君向けに、イントロが増設されました。

❈人数　2、3人～10人程度

❈使用楽器　特になし

❈活動の目的
・セッションに向けて気持ちを整える。
・グループのつながりを感じる。

❈活動の進めかた
　「森のくまさん」のような〝追いかけソング〟の形になっているので、リーダーの先導に続いて子供が歌う。15小節目からは1人1音ずつ「こ」「ん」「に」「ち」「わ」と言っていく。発声が難しい場合、1人ずつのハイタッチなどで代用。うまく「こんにちは」とつながらず「こんばちは」や「こににちは」になったとしても、それを今日の挨拶として、歌が終わったあとに、皆でうやうやしく唱える。

❈留意点
　セッションの始まりなので、発声は強要しなくてよい。スタッフ間で応答するなど、複数で歌い継いでいく雰囲気が伝わることが大事。

❈この音楽にたどりつくまで
　じんわりとしたワクワク感を誘いたくて、全体的にはゆったりしているけれども、少しずつ上昇するメロディと、ゆるく弾む伴奏形にしました。はじめから〝追いかけソング〟をねらったわけではなく、つくっている途中でそうなることに気づいた、という次第です。

……編者より……
　イントロのファンになりました。曲の雰囲気から、元気な対象者が集まるグループかな、と予想しましたが、解説を読んで納得です。歌の音域の低さに対象者への配慮が感じられます。

音楽はじめよう

小柳玲子（作）

イチ ニ サン シ Go! おんがく（おんがく）はーじめよう（はーじめよう）みんなが（みんなが）そーろったら（そーろったら）おおきな（おおきな）こーえで（こーえで）こんにち

わ ー
Fine
○ ○ さん （こん にち わ）
Fine
17
△ △ さん （こん にち わ） ○ ○ さん （こん にち わ） △ △ さん
21
（こん にち わ） ○ ○ さん （こん にち わ） △ △ さん （こん にち わ）
26
こ れ か ら み ん な で イチ ニ サン シ Go！ お ん が
D.S. al Fine
31
D.S. al Fine

『こんにちは』　　岸加代子（作）

◈曲の成り立ち
　おしゃべり好きで快活な、軽度の小学校中学年〜高学年の男女６人グループを担当することになった時に誕生した曲です。仲間を大切に思う心が育ち、各々の個性を存分に発揮するようになってほしいというセラピストの希望を歌詞に込めてつくりました。「皆が集まったら音楽はじめよう」という歌詞や、各々が自分の声や表現で挨拶をする場面を設けたのはそのためです。
　音楽活動が楽しいものとなるように、ワクワクするようなラテン調の前奏から始まり、挨拶の前から気持ちを前に押し出すような８分音符が連続する伴奏にして、挨拶がしやすいように工夫をしました。メロディはおぼえやすくシンプルで、それでいて印象的になるようにしました。挨拶部分の旋律はごくシンプルな展開にして、子供の挨拶を引き立たせるように配慮しました。休符の「ワン、ツー」は、その後全員が声をそろえて「こんにちは」と発声しやすいための掛け声になっています。

◈人数と使用楽器　　特に制限なし

◈活動の目的　・グループの仲間を意識する。
　　　　　　　　・発声をする。
　　　　　　　　・自己表現をする。
　　　　　　　　・音楽活動の始まりの曲として、この後の活動に期待感を持たせる。

◈活動の進めかたと留意点
・人数が多い場合は繰り返しを増やし、人数が少なければフレーズを省略・変更する。
・名前は子供だけでなくセラピストなどを含めてもよく、それによって大人の名前をおぼえたり、グループの一体感が高まりやすくなる。
・前奏に合わせて全員で手拍子をすると、より積極的な参加を促しやすい。
・挨拶は必ずしも「こんにちは」でなくともよく（例「いただきます」）、世界の挨拶（例「ハロー」「アニョハセヨ」）など、子供の興味に合わせて展開すると楽しい。
・休符部分の「1、2（ワン　ツー）」は、掛け声のようにすると自然である。そのとき、セラピストが、指で「1、2」と示すとタイミングがそろいやすい。「1、2」の代わりに「せーの」も可能である。

　　　　　……編者より……
　アンティシペーションのあるメロディに、「思い切り」「得意げに」「かっこよく」歌ってみたいと感じます。また、13小節目からの８小節にわたるメロディの長い上行は、期待感が高まりそうです。「感情が高まる」のと「音が上がる」ことは一致する傾向なのでしょうか。

こんにちは

岸加代子（作）

わくわくと

みんながあつまったら おんがくはじめよう
あいさつしてみよう ひとりずつ それでは

活動のはじまり

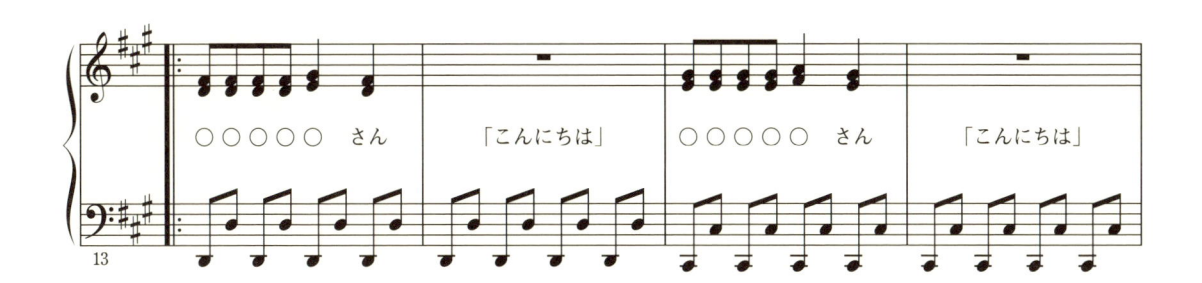

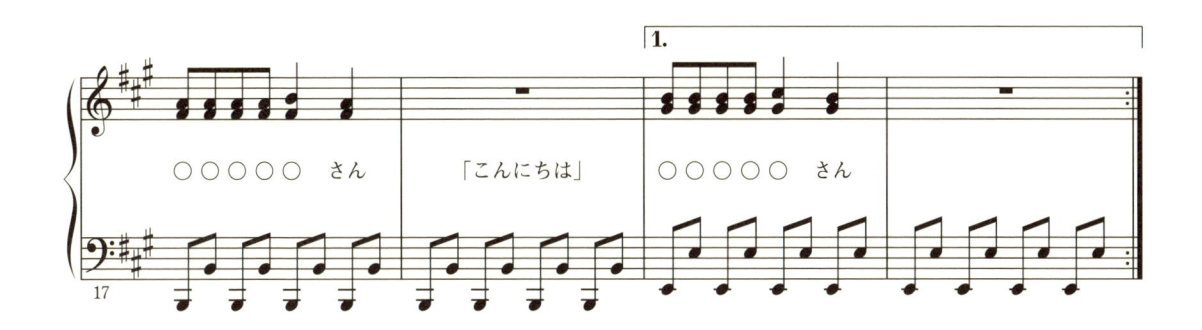

『握手でこんにちは』　　鈴木祐仁（作）

❖曲の成り立ち
　身体を含む重複障害の成人グループで、ある対象者の歌唱・発声に焦点をあてた〝挨拶ソング〟を使っていましたが、彼が歌いやすいようにゆったりとしたテンポでじっくり挨拶ソングをおこなっていると、彼を含むメンバー皆の活性が下がってしまうという状況が起きました。セッションが始まると同時に眠気が強まってしまうのです。また時間が長くとられてしまう状況からも、コンパクトで最低限の目的を果たす挨拶ソングが必要となり、つくりました。

❖人数と使用楽器　　特に制限なし

❖活動の目的
　個々の対象者がセラピストと十分に挨拶を交わし、「音楽の時間」を強く意識する。

❖留意点
・リーダー（対象者にかかわる人）は、言葉を明瞭に伝えること。自分の挨拶のしかたがどんな雰囲気を持っているのか事前に確認し、どんなニュアンスで挨拶したらよいか、考えておくこと。
・個々の対象者の身体・気持ちの様子を感じとり話しかけるように歌い、個別の行動に合わせてテンポや歌いかたを変化させること。

❖活動の進めかた
・リーダーが歌いながら輪のなかを移動し、個別に握手しながら挨拶する。
・もし可能なら、握手をしながら上半身を動かす即興のダンスに展開する。その際には歌詞やメロディ、伴奏を変化させること。

❖この音楽にたどりつくまで
　挨拶を交わすことが最大の目的なので、メロディがしゃべる抑揚とかけ離れてしまわないよう、歌詞をつぶやきながらピアノで音程を探りました。何度も繰り返されることから、1人ずつの挨拶の完了とともに音楽が落ち着き切らないように気をつけ、終止感の強い和音をなるべく避けることと、ふさわしい雰囲気がどのようなものか考えながら、ピアノと耳で探りました。

握手でこんにちは

鈴木祐仁（作）

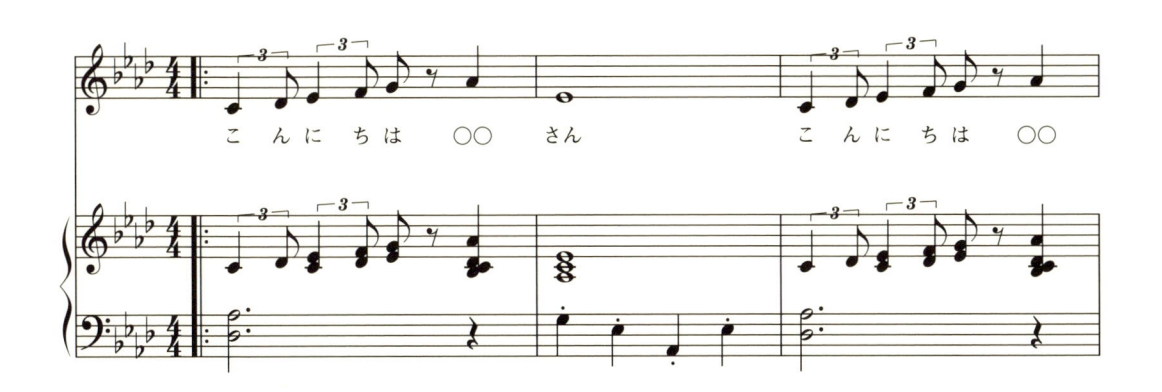

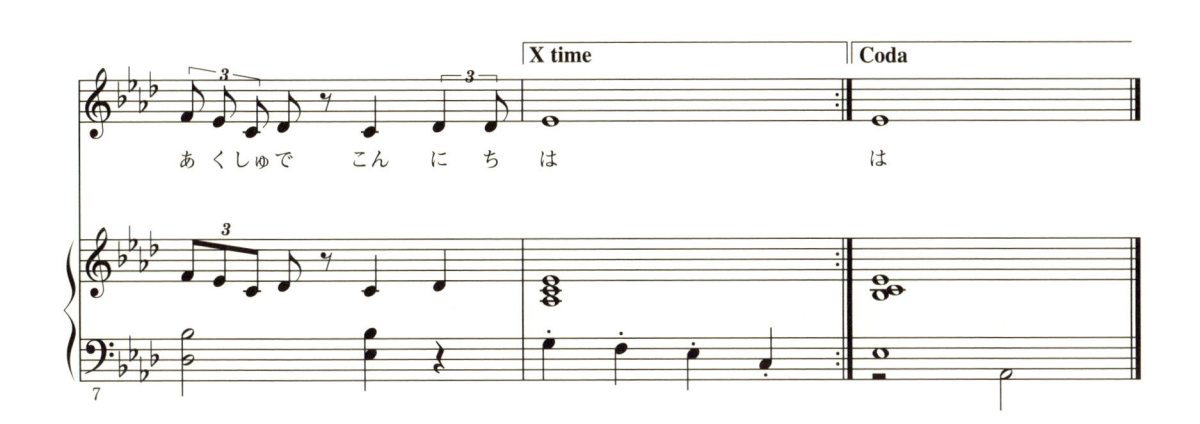

歌詞: こんにちは ○○さん こんにちは ○○さん あくしゅで こんにちは あくしゅで こんにちは は

活動のはじまり

かかわる・呼びかける

『次はなんだろな』　　岸加代子（作）

❖ 曲の成り立ち
　重度発達障害児の3人グループを担当した時に誕生した曲です。知的に重度の場合、1つの活動が終わると次の活動を期待して着席し続けることが困難で、活動が終わるたびに席を離れてしまいます。そのため、なるべく興味をひきつけておけるように、間を置かずに次の活動を提供していました。あるとき、次に使う楽器を取りだそうとごそごそしながら間をもたせようと、自然に口ずさみ始めたのがこの曲です。音楽があることによって、子供たちは興味を継続することができました。

❖ 人数と使用楽器　特に制限なし

❖ 活動の目的　興味や集中などを促す。

❖ 留意点
　セラピストだけでなくアシスタントなども歌うと、その場全体の雰囲気づくりになり、集中をより促しやすい。

❖ 活動の進めかた
　活動と活動の合間に歌う。
　ピアノ伴奏を用いず歌のみの場合は、活動とのメリハリがつく効果もあるだろう。

……編者より……
　同じリズムが繰り返されるメロディは、場のざわつきをすり抜けるようにして、皆に届きそうです。おぼえやすい歌詞とメロディは、歌唱活動に展開することもできそうです。

次はなんだろな

岸加代子（作）

『どこから出るかな』　　岸加代子（作）

❖曲の成り立ち
　重度発達障害児の3人グループを担当した時に誕生した曲です。知的に重度の障害を持つ子供たちは、興味を持続させることに困難を抱えています。そこで、彼らにとって魅力のある視覚的素材を用いた活動を考案しました。段ボールを開いてボードを作成し、各所に穴をあけ、そこから音の出る小さなおもちゃや感触のよいボールなどを出す活動です。モグラ叩きゲームのイメージです。次々と物を出すことによって興味を持続させ、かつ見る・触るという目と手の協応の経験も積めるようにしました。
　歌は、興味を強くひくように、インパクトのある高音から始まる勢いのあるものをつくりました。歌う時のスフォルツァンド（sf）やアクセントもインパクトを与えるための効果です。

❖人数　1～3人

❖使用する楽器など
・音の出るおもちゃ（押すと鳴る笛の入っているぬいぐるみやガラガラなど）
・感触のよいもの（低反発ボール、ふさのついたミニはたきのようなもの、など）

❖活動の目的
　・興味や関心を育てる。
　・集中力を促す。
　・目と手の協応。

❖活動の進めかた
　前奏は必要ではなく、急に勢いよく歌いだすところが興味を引くポイントである。
　物をあちこちの穴から次々に出すが、視線が集まったら次の穴に入れるように注意する。
　終了の部分で目の前に出し、手で触って確かめられるようにする。それから次の物に移る。
　なお、このやりとりは一例であるので、クライエントの集中や満足に合わせて展開を工夫する。

……**編者より**……
　この曲集には「対象者に呼びかける」ための、高い音から下行するメロディを使った音楽がいくつか収録されています。この曲は、3小節目で言葉やメロディのない、ピアノのパターンの繰り返しが、歌とはまた違う呼びかけかたをしています。

どこから出るかな

岸加代子（作）

Allegro

どこからでるかな どこからでるかな

（アレンジOK
繰り返し必要なだけ）

これでおしまい！
○ が 出てきたよ！

あちこちから楽器を出す　　　　　　最後に子供たちの目の前に出す

かかわる・呼びかける

『ちいさい○○ちゃんのおてて』　　二俣裕美子（作）

❖ 曲の成り立ち
　子供が自分で上手に手を洗えるようになるまでのあいだ、母親は、食事やおやつの前後、トイレ、遊び、アクシデント……外出先から帰ってきても、本当にしょっちゅう子供の手を洗っているような時期があります。最初は「テッテ洗おうね～♪」なんて言っていられるけど、毎日ともなると、優しい気持ちでいられる時ばかりではありません。子供の手を洗う時は、やっと食事が終わって早く出かけないと次の予定に遅れそうだとか、公園で帰りたくないとぐずる子供を説得しながらだったり、やっと家に着いてさあ早くご飯をつくらなきゃ、という状況が続くと、母親も疲れてついイライラ……笑顔でなんていられません。でも、子供にとっては１つ１つがかけがえのない「今」。子供に、「あなたがかわいい、大切に思っている、一緒にいられて嬉しいよ」と伝えたい、そんな日々の中でこの曲は生まれてきました。私と子供の時間のなかにこの歌があって、穏やかで前向きな気持ちを保つことができたような気がします。
　この歌を、母子が一緒に参加するグループ・セッションで使用したところ、母親が皆、優しい顔で子供の手を洗うしぐさをしていて、また子供の反応もおおむね良好だったので、母子セッションで（父親が参加することもありますが）、手洗いの習慣づくりと親子のふれあいをねらいとして使用するようになりました。

❖ 人数　特に制限なし
　　　　（個人でもグループでも可能。保護者と子供が同室するセッションを想定）

❖ 使用楽器　特になし

❖ 活動の目的
　子供と保護者との愛着関係の促進。また、家庭での手洗いの時に、母親が子供にこの歌を歌いながらおこなうことで、手洗いの習慣づくりを促す。

❖ 留意点
　保護者と子供の様子をよく見ながら、ゆったりしたペースで活動を進める。保護者が「子供にやらせなきゃ、この活動を遂行しなければ」とあせったり、プレッシャーを感じたりしないように、まったりした、ルーズな、でも明るい前向きな雰囲気を醸し出しながら進めると良い。

❖ 活動の進めかた
　初めてこの曲を紹介する場合には、音楽療法担当者と他のスタッフで、動作のお手本を示してから始めるとよい。担当者が保護者に、「小さい○ちゃんの」では、自分のお子さんの名前を入れてくださいね、と伝える。
　保護者と子供が向かい合って座り（保護者の膝に子供を乗せてもよい）、保護者が子供の手をつつみ、手を洗ってやる動作をしながら、この歌を歌う。何回か繰り返す。歌詞を変えて、手以外の身体部位を洗うしぐさをしても良い（頭、お顔、背中、あんよ、お腹、等）。

ちいさい○○ちゃんのおてて

二俣裕美子（作）

ちい さい ○○ちゃん の　　おてて を あら う　　それ は おかあ さん の　　うれしい ひと とき —

……編者より……
「おかあさん」というフレーズに広がりや豊かさ、大きな力が込められているように感じます。音の跳躍と気持ちの結びつきに思いをめぐらせました。

かかわる・呼びかける

『だっこ、だっこ』　　二俣 泉（作）

❖曲の成り立ち
　就学前の、表出言語がまだない男の子への個人セッションのなかでできた曲です。
　そのセッションは、私ともう1人のセラピストが2人で対応し、その子のお母さんも同室しておこなっていました。その子は高いところに登るのが好きでした。その子が巧技台の上に乗って、私がそこから抱きおろそうとしたとき、私の頭に瞬間的にこの歌のメロディが浮かびました。子供を抱えながら「だっこ、だっこー」と歌って揺らすと、その子はきゃっきゃっと喜びました。そこで「だっこだっこよ！」のところで歌をストップさせ、その子を抱えながら、私は同室しているその子のお母さんと、もう1人のセラピストとの両方を代わる代わる指さして、「どっちがいい？　こっち？　そっち？」とその子にたずねました。彼は、「こっちー」と言ってお母さんのほうを指さしたので、その子を抱きかかえながらお母さんの前に行き、お母さんに彼をくすぐってもらいました。彼はまたきゃっきゃっと笑って喜びました。
　そこで、次のセッションから、毎回、この活動を取り入れました。彼は大変喜び、指をさしてお母さんを示したり、要求を表す音声をさかんに出したりしました。
　その後、障害のある子供の通園施設の集団での母子セッションに、この曲を取り入れてみたら（曲の空白の部分で、抱っこした子供の顔に、母親が息を吹きかけることにしました）、大変好評でしたので、そこでの音楽療法で毎回使うようになりました。

❖人数
　特に制限なし。個人でもグループ（低年齢の子供と親とが一緒におこなう）でも可能

❖使用楽器　　特になし

❖活動の目的
・子供から快の情動を引き出す。
・大人（音楽療法担当者、または保護者）との関係づくり。
・子供の「指さし」を引き出す。

❖留意点
・大きな集団でおこなう時には、最初はあまりテンポを速めず、ゆったりと始める。
・子供の反応を見ながら、揺らすスピード、顔に息を吹きかけるタイミングを調整する。

❖活動の進めかた
　1）大人が立った状態で子供を抱く。
　2a）音楽に合わせて子供を軽く揺らし、音楽の合間で子供の顔に息を吹きかける。
　2b）指さしを引き出す場合は、音楽の合間で、「どっち？」と聞きながら、片手で複数の方向を指さす。子供が指さす方向を向いたら、その方向に進んでいき、ストップしたところで息を吹きかける。また、他の人のほうを指さし、子供がその方向に目を向けたり、子供みずからが指をさしたりしたら、その指さした人のほうに向かっていき、その人から、顔に息を吹きかけてもらう。

だっこ、だっこ

二俣 泉（作）

……編者より……
　このメロディの面白さは何でしょう。リズム？　下行する勢いにスリルを感じましたか？　それとも最初の音の甲高さでしょうか。──対象者にお聞きしたいです。

『カバサをならそう』　　二俣 泉（作）

❖曲の成り立ち
　ダウン症の男の子との音楽療法でつくられた曲です。その子はたくさんおしゃべりをしてくれるのですが、発音が明瞭でないため、言葉が聴きとりにくかったのです。発音の練習が必要でしたが、自分の発する音が逐一、人から修正されるのは、とても嫌な経験になりそうです。発音の練習は、子供が楽しく取り組める方法ですべきだと感じました。その子がカバサを鳴らす姿を見て、ふとこの曲ができました。
　その後、この曲は、カバサを使って子供にかかわる時にも使うようになりました。

❖人数　特に制限なし（個人でもグループでも可能）

❖使用楽器　ミニカバサ

❖活動の目的
・大人がカバサを使って子供の身体を擦ってかかわることで、子供が人とかかわる楽しさを実感する。
・子供が身体部位の名前を知る。
・発音の練習。

❖留意点
　大人がカバサで子供にかかわる時は、相手の反応を見ながら、慎重に活動を進めることが必要（触覚が過敏な人もいるため）。
　発音の練習に用いる時には、子供にプレッシャーを与えないように、楽しい雰囲気が維持されることが必要。

❖活動の進めかた
▶大人がカバサを持ってかかわる場合
　担当者がカバサをもって、「どこで鳴らそうかな～？」などと言いながら、歌にのせて対象児・者の身体のあちこちをカバサで擦ります。「お腹かな～？」とか「脇！」とか言いつつ、くすぐったがる身体部位で擦り、子供から笑顔が引き出されて、楽しいやりとりに発展させていく。
▶発音の練習に用いる場合
　１）子供がカバサを持ち、カバサを自分の身体を擦ってならす。
　２）ワン・コーラス終わると、担当者が「どこで鳴らす？」と子供にたずねる。
　３）子供がその身体部位を答える。発音が不明瞭だったら、担当者が口の形、下の動きを見せながらお手本を示し、子供はそれを真似する。
　４）歌にのせて、（「あ・た・ま・で、ならそう」「か・た・で、ならそう」等）その身体部位の発音を練習する。

カバサをならそう

二俣 泉（作）

……編者より……
　伴奏のテンション・コードが、身体に力を込めることを促しており、またベースの8分音符が「よいしょ」と、メロディの跳躍に勢いをつけてくれます。音楽が「一緒に取り組んでいる」と対象者に知らせている感じがしました。

かかわる・呼びかける

『どうぞ、ありがとう』　　岸加代子（作）

◈曲の成り立ち
　保育や療育の現場では、他者に物を渡す時には「どうぞ」、受けとる時には「ありがとう」と、大人が子供に示している場面をよく見かけます。そのようにして子供たちは、物の受け渡しの際のコミュニケーション・スキルを経験から学んでいきます。そこで、音楽療法のセッションでもこのような経験の援助ができないかと考えました。言葉を旋律にのせると記憶しやすいという音楽の特徴を利用して、物の受け渡しの言葉使いを旋律にしました。また、実際に受け渡しをしながら言葉を使う活動を工夫してみました。

◈人数　6人程度まで

◈使用楽器　魅力的な楽器であればなんでもよい
　　　　　　（カラースカーフなどをつけたタンブリンやスズなど）

◈活動の目的　・コミュニケーション・スキルを養う。
　　　　　　　・順番理解を促す。

◈活動の進めかたと留意点
　リーダーの席にクライエントが座り、歌いながら楽器を鳴らす。このとき、普通に鳴らすだけでなく、身体の上下・左右の位置で鳴らしたり、踊りながら鳴らすと楽しい。
　「今度は」では曲のテンポをおとし、誰に渡すかを決める。「〇〇さん」「どうぞー」（渡す人）、「どうもありがとう」（もらう人）は、発語しやすいように導く。発語が難しい場合は、セラピストが「〇〇さん」「どうぞー」、アシスタントが「どうもありがとう」を歌いわけると、渡す人ともらう人の役割がわかりやすい。なお、一般に語尾は発語しやすいと言われているので、セラピストは語尾を言わずに待つと発語に効果的かもしれない。
　クライエントによっては、旋律を伴わないほうが発語しやすい場合があるので、それぞれ適した方法を用いたい。

　　　　……編者より……
　　　　　「どうぞ」の音程の選びかたが興味深いです。少しすましていたり、相手によく伝わるように、ていねいに言おうとしたり、大切だという感情を表すように……何が込められているのでしょうか。

どうぞ、ありがとう

岸加代子（作）

『フィンガーシンバル鳴らそう』　　岸加代子（作）

※曲の成り立ち
　軽度の発達障害児グループを担当した時につくった曲です。一般的に発達障害児の場合、子供同士での交流は難しさを伴います。音楽療法では、楽器を媒介にして人とのかかわりを体験することができるので、フィンガーシンバルを片方ずつ持って、子供同士で鳴らし合う活動をすることにしました。
　それまでの臨床現場の経験から、フィンガーシンバルを持った時になんとなく左右に振って待つことが多いと感じていたので、その動きから「左右の振り→ワルツ風の揺れる曲」と発想しました。それから、子供同士がかかわる際の緊張感を和らげようと、安心感の持てる明るく心地良い曲調にしました。

※人数　4～5人程度まで

※使用楽器　フィンガーシンバル

※活動の目的　・対人関係の促進。
　　　　　　　・巧緻運動。

※留意点
　この曲は3拍子だが、ウィンナ・ワルツのように、1小節1拍にカウントして演奏する。またウィンナ・ワルツのように揺らして歌うと、曲全体に流れが生まれ、鳴らすはずみがついていく。しかし拍をとらえて鳴らすことが難しいクライエントの場合は、これにとらわれず、クライエントに合わせて演奏すること。

※活動の進めかた
　全員がフィンガーシンバルの片方のみを持つ。リーダー役のクライエントがリーダー席に座る。前半部はリーダー役またはセラピストが援助して歌うが、このとき、身体を曲に合わせて左右に揺らす。そうすることで、楽しい雰囲気が生まれ、間がもてる。フェルマータで、誰と鳴らすかを決める。たとえば、後半部の4小節をAさんと鳴らし、残りの4小節でBさんと鳴らす。このとき、メロディの中のC#にフェルマータをかけると、次の人と鳴らすことを促すサインになる。なおメンバーの人数によっては、後半部を繰り返すとよい。

……編者より……
　ダンス音楽は、踊りの振り付け（動作）や手順にともなう音楽であり、人が集まって交流する場に鳴る音楽ではないでしょうか。ワルツを含め、既存の音楽が社会でどのように使われているかを探ることで、さまざまな臨床目的に即した音楽のスタイルが発見できるかもしれません。

フィンガーシンバル鳴らそう

岸加代子（作）

ウインナワルツ風に

こーんどは だーれと ならそう かな あ

○ちゃん ○ちゃん ○ちゃんと ならそう—

○ちゃん ○ちゃん ○ちゃんだ ね

『Rubato Set』　　鈴木祐仁（作）

❄曲の成り立ち
　同じグループホームに所属する5人の男性を対象としたグループ・セッションで、個人活動に使った曲です。「彼らは日常において、自分の主張したことを聞き流され、十分に受けとってもらえる機会が少ない」という話をホームの職員から聞いており、対象者とセラピスト、コ・セラピストがお互いの発信に耳を傾けつつ、お互いに邪魔しないように気遣いながら、間合いをはかって応答や主張をする、そういうコミュニケーションのフォームが経験できる音楽を考えました。「コミュニケーションのフォーム」というのは変な言い回しですが、これを出発点とし、即興演奏に移行しながら、より自分自身の音を主張し、聴き合うコミュニケーションに発展させることをねらいました。

❄人数　3人

❄使用楽器　・声または管・弦楽器（持続音のダイナミクスが調整できるもの）
　　　　　　・音程の組み合わせられるチャイム類（使用音は楽譜参照）

❄活動の目的
・仮の「決められたフレーズ」を用いながら、お互いの動向に注意を向けつつ、適切なタイミングをはかって自分の音を出す。
・自分の音が傾聴されている意識を強め、満足感を得る。
・フォームから逸脱し、音を使ったコミュニケーションに発展させることをねらう。

❄留意点
・テンポは指定しない。それぞれが流れのなかで最適と思うテンポで音を出すこと。
・歌のパートは、他の人の音を覆い隠さないよう、自分の音量に注意し、調整する。
・楽譜に指定した音階だけではなく、その場や対象者の持つ雰囲気から思い浮かぶ音程を集めて使用してもよい。
・対象者自身が音程を選び、組み合わせることもできるだろう。

❄活動の進めかた
　対象者が活動の勝手を理解するまで、楽譜に書かれた音をお互いに演奏する。セラピストは、目や指さしで、楽譜にのっとった順に音を出す人を指示する。
　慣れたら、使用音を固定したまま、お互いのアイコンタクトや表情で「次に誰が音を出すか」を相談しながら、音楽を進めていく。
　2人以上が同じタイミングで音を発しない。歌の持続音が鳴り続けていることは例外とする。

❄この音楽にたどりつくまで
　「テンポは変動する」。理解しているつもりだけど、一定のテンポで演奏されることのほうが良いように感じている。自分はそんな価値観を強く持っているのではないか？と思いあたり、自戒も込めてこのような楽譜を書きました。5音音階を選んだのは当時使用して

いた楽器からの影響もありますが、音階別による──それぞれの対象者の好みや人柄、3人の集まった様子から感じられる──雰囲気の演出を目的としており、また、演奏しているあいだの何かしらの調和を、響きで表すことをねらいました。また、5音音階は7音の音階と比べて、より旋律的に感じやすく、音を言語のように使い主張するイメージを持ちやすいと考えて使用しました。

Rubato Set

鈴木祐仁（作）

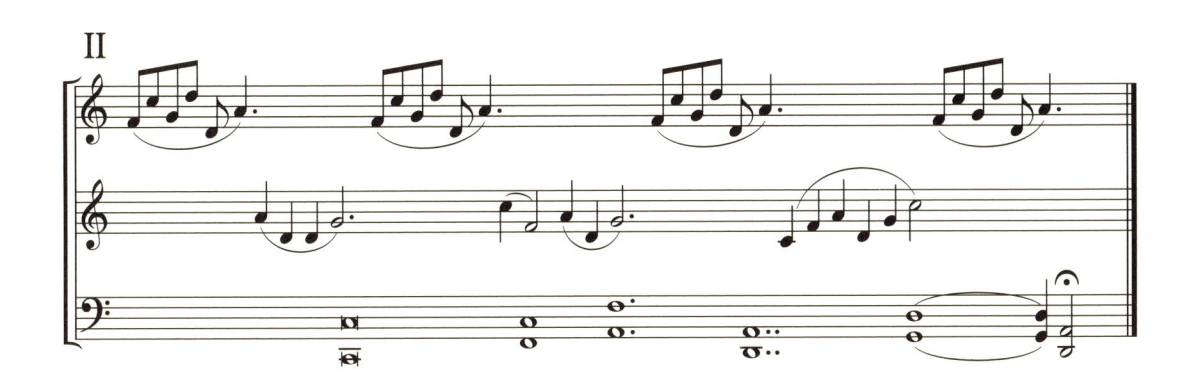

かかわる・呼びかける

『Je sonne』　桜井三月（作）

❀曲の成り立ち
　この曲は、神経難病（パーキンソン病、脊髄小脳変性症など）の患者さんを対象としたセッションにおける、合奏活動のために作曲しました。
　グループ自体に交流という目的があることから、音楽のなかで直接交流できる何かを考え、トーンチャイムの合奏を思いつきました。お互いの目を見て自由に音を投げかける部分、一緒になって鐘のように鳴らす部分、1人1人の音を聴く部分を組み込みました。
　音楽的なヒントとしては、「鐘」がイメージ・モチーフとなっています。Cを基盤とした4音音階になったのは、私のつくる曲にCの曲が少ないこともあって、チャレンジしたという部分もあります。C-durではなく4音音階を使用することで、響きが「鐘」のイメージにつながっていると感じています。
　さらに、参加者の向上心の強いこと、現在も音楽活動（合唱など）をされている方が多いということもあり、オーケストラの響きをイメージし、序曲風のフレーズを組み込んで、壮大な音楽空間を感じられるような曲に仕上げました。

❀人数　最大で9人

❀使用楽器　トーンチャイム（c・f・g・b♭）

❀活動の目的
・メンバー同士の交流を第一に考え、合奏を通して音楽的な交流をする。

❀活動の進めかた
・トーンチャイムを1人1本持ってもらう。
・指揮者の合図に合わせてそれぞれのパートを演奏していく。
・自由に鳴らす部分は、お互いの顔を見て鳴らすことを意識する。音のキャッチボール（トーンキャッチ）をしながら進めると、グループ内の音の交流ができる。

❀留意点
　全員で合わせる前に、トーンチャイムのみ順番に鳴らしたり、同時に鳴らしたり等の事前練習をすると、曲の完成度が上がります。

……編者より……
　無半音の旋法の使用が静けさを感じさせますが、ガイドするリズムが少ないゆえ、お互いのコミュニケーションは活発におこなわれそうです。旋法の使用に「空間を区切る」機能をより強く感じるのは、響きの独特さや、それぞれの旋法の地域性（他の地域と区別する響き）があるからでしょうか。

Je sonne

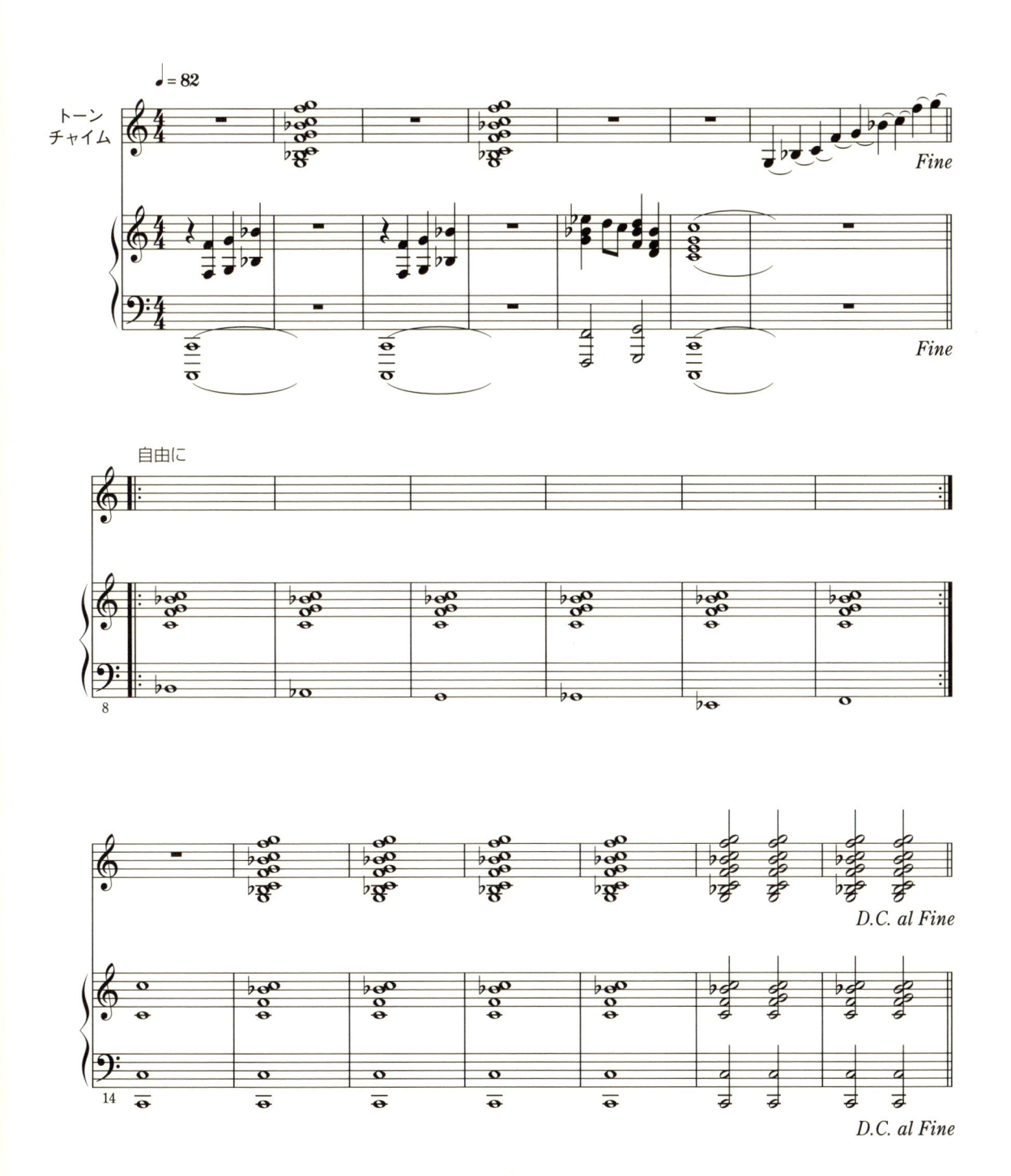

桜井三月（作）

かかわる・呼びかける

すごす・よりそう

『ビート・フィリング（Beat Filling）』　　生野里花（作）

◈曲の成り立ち

　基本的には対象者たちが向き合って1つずつ打楽器を鳴らす合奏活動ですが、分かち合う曲が用意されているわけではなく、またダウンビートを共有する活動でもありません。

　1拍目のダウンビートだけがリーダーによって刻まれ、そこから次の1拍目までのあいだが、1人1人異なるリズム・パターンで満たしていく（filling）キャンバスとなります。個々のリズム・パターンはなるべく重ならないように構築していき、つくりだされた音楽を一緒に「運転」します。「独自のリズム・パターン」という点では即興的な「個人的自由表現」である一方、「同じ音楽の枠組みの中に参与し続ける」という点では「緊密な関係」という側面が強い活動です。

　「人と人がつながること＝関係」には、いろいろな経験の質があります。個々がまったくばらばらで関係を持てない療法段階には、「参加者が同じビートで演奏できる」ということも1つの大きな目標になり、それができた時の歓び、心地よさは対象者にとっても格別なものとなります。しかし、グループが成熟していったとき、自由なのに緊密、ばらばらなのに織り込まれている、という「関係」も想定してみたいと考え、この活動が生まれました。「人は自分のwholenessが充実したとき、より大きなwholenessに属していこうとする」という概念を私は長年のテーマにしているからです。

　ダウンビートをそろって打つことなく、リズムだけで関係を保っていくというのは意外に難しいものです。たとえて言えば制服のない学校、分担の決まっていない団地の庭掃除、婚姻届けを出さない夫婦（？）のようなものかもしれません。安定した何かによりかかることなく、グループのなかの自分の立ち位置を決め、難題を乗り切っていかなければなりません。その結果、そこには「オリジナルな小宇宙」が生まれます。

　この活動で言えば、事前の打ち合わせもテーマもなく、身体も接触しないまま、1人1人の打ち出したリズムだけが素材となって、輪の真ん中にhere & nowの音の小宇宙が出現します。それは、音はもちろん、視線、息づかい、空気の揺れ、感情の行き交いなどでできている、その時だけの、壊れやすい、だからこそ全神経を集中して保つホットな「あいだ」です。(*)

　人と自分は違うけれど、人がいなければ自分も加われない、そして自分が揺らげば小宇宙がたちどころに壊れてしまうという、組体操のようなぎりぎりのつながりですが、組体操と違うところは、取るポーズが自由であること、できた形をお互いに感じ合えたあとは、一緒にテンポやダイナミクスの変化という旅へと踏み出していくことです。

　　　　（＊）アンスデルは、臨床即興において、個々の世界の存在が「わたしたち、we」になるプロセスを解説し、そこに生まれる「あいだ、between」が、音楽そのものでできているとする。そして音楽は、いわば水のようなものでできているため、陸（言葉）にくらべてより自由で、より支えられており、しかも両者は異なる存在でいることができる、と述べている（Ansdell, G. *Music for Life - Aspects of Creative Music Therapy and Adult Clients.* Jessica Kingsley Publishers, 1995.）

◈人数　特に制限なし（5〜6人が最もやりやすく面白い）

◈使用楽器
　音色にヴァラエティがあり、打点のはっきりしている打楽器を1人1つ持つ。リーダーは、大きめの太鼓など最も存在感のある楽器を持つ。

◈活動の目的
　お互いの存在を、耳、目、体、＋αを使って感じ、一緒に「小宇宙」をつくりだすことで、緊密な「つながり＝関係」を結ぶこと。

◈留意点
・最初にセラピストがリーダーをするとき、身体を大きめに使って「小宇宙」のキャンバスを築く（一種の指揮者のような）方法を伝えること。また、後半でダイナミクスやテンポを自由に揺らす例をモデリングしておくといい。
・最初のほうに音を入れる人がたくさんの音を使いすぎると、あとに続く人たちの入るスペースがなくなることを伝えておく。
・4拍子が基本だが、3拍子、8拍子、5拍子などの変拍子に発展させても面白い。

◈活動の進めかた
　1）セラピスト（またはリーダー）は、音量や音質に存在感のある楽器を持ち、他の参加者は用意されたなかから好きな楽器を選ぶ。
　2）輪になって向き合い（不都合がなければ、立ったほうがやりやすい）、まず、セラピスト（またはリーダー）が同じ間隔でビートを刻む。
　3）全員がそのビートを身体で感じたところで、次の人を選び、目で合図を送る。
　4）合図を受けとった人は、1拍目に重ならないようななんらかのリズム・パターンをつくり、手にした楽器で鳴らす。安定したら、次の人を選んで目で合図を送る。
　5）合図を受けとった人は同じように、なるべくリーダーと1人目の音の鳴っていないところを選んで自分のリズム・パターンをつくり、鳴らす。こうして全員が音を出すまで回していく。
　6）全員が叩き始めたら、しばらく音を聴き合いながらアンサンブルを楽しむ。
　7）セラピスト（またはリーダー）が頃合いを見はからって、表現をリードし、揺らしていく（たとえばテンポやダイナミクス、楽器をかかげる位置といった身体ポーズなど）。変化を楽しんだあと、なんらかのコーダ（アッチェレランド＋乱打＋キメの1打など）をつくって、全員一緒に終われるようにする。
　8）リーダー役を交替する。

……編者より……
　「自由なのに緊密、ばらばらなのに織り込まれている」。この活動は西洋音楽の価値観と、ある種の伝統的な東洋・日本の音楽（雅楽など）が含んでいる価値観（和、道徳、礼儀など）が一緒に Here & Now の場にある……いささか乱暴な表現ではありますが、そんなふうに感じました。現在の私たちの生活に似ている気がしますし、私たちをとりまくさまざまな音楽がまとめて「音楽」と呼ばれる時の在りかたにも似ているようです。自分の現場にどのように取り入れていけるのか、それを考えてみると楽しくもなりました。

ビート・フィリング (Beat Filling)

生野里花 (作)

4分の4拍子、5人（リーダー＋4人）の例

テンポ、ダイナミクス、身体ポーズなどで表現を揺らしていく　　　　　　　　　自由乱打

すごす・よりそう | 37

『かいじゅうのごはん』　　守重絵美子（作）

❀曲の成り立ち
　小学校低学年男の子の個人セッションのなかで生まれました。1つ1つの活動に注目し、集中することが苦手だった彼に、まずは音楽に合わせてブロックを積む活動をおこないました。そこへ彼の好きな怪獣が登場し、積んだブロックを崩していきます。ブロックでもなんでも食べてしまう怪獣へ、崩されたブロックを餌にして食べさせてあげよう！というところから始まりました。ブロックを手でつかみ、ねらいを定めて怪獣の口のなかへ運び、タイミングよく放す、という指や手の運動に意識を向けた活動としても役に立ちました。

❀人数　個人〜グループで可能（怪獣やブロックの量は人数に合わせて調整）

❀使用楽器　・箱や布でできた、手づくりの怪獣など
　　　　　　　（口が開き、入れたものが溜まるよう袋やケースがついていると使いやすい）
　　　　　　・散らかす物（ブロックなど）

❀活動の目的　・自主的な行動を促す。
　　　　　　　・集中力・注意力を育てる。
　　　　　　　・片づけをできるようにする。
　　　　　　　・手の動きをコントロールする。

❀留意点
　怪獣が登場する前に、ピアニストは怪獣の足音を表すように、ずっしりと重々しくピアノを弾き始め、子供に怪獣の登場を予告する。最後、怪獣のお腹がいっぱいになったところで、初めて明るく幸福感のある音（ピカルディ終止）を奏でる。

❀活動の進めかた
　リーダーが怪獣を持って登場したところで、ピアニスト（またはリーダー）が歌詞をつけて歌う。子供が怪獣に注目し、散らかった物を怪獣に食べさせ終えるまで、音楽は続き、最後まで食べた（片づけた）ところで、怪獣はお腹がいっぱいになり、終了となる。
　応用として、怪獣以外の、その子供が興味のある他の動物やキャラクターを使用し、歌詞の「かいじゅう」部分を他の名前に変えて歌うこともできる。
　食べ物は、楽器（フルーツマラカスなど小さな楽器）、食べ物の形をした物、新聞など、さまざまに応用できる。「○○をあげよう」の部分を「ごはんをあげよう」と歌ったり、具体的な食べ物の名前（たとえば、みかん、りんご等）を言いながらマッチングさせて、物の名前をおぼえる活動などに利用することもできる。

❀この音楽にたどりつくまで
　怪獣の登場に、即興的にキーボードで効果音をつけ、クライエントに語りかけるところから作曲が始まりました。怪獣のスケールの大きさを表現しようとしたところ、音域が広く低音のベースが重々しい質の曲に変化していきました。ワクワク、ゾクゾクするような、期待感を込めた雰囲気づくりを重視して作曲しました。

かいじゅうのごはん

守重絵美子（作）

ずっしりと

おなかのへった かいじゅうに ごはんをあげよう（○ ○ ○） むしゃむしゃむしゃむしゃ たーべるよ

……編者より……
　伴奏の5小節のオスティナートに「まだまだまだまだ……」と引き止められている気分になります。5小節ひとまとまりのメロディが独特で、伸ばす音やフレーズの拍数について、考えをめぐらせました。

『accompany song ♯1』　鈴木祐仁（作）

❈曲の成り立ち
　染色体異常を持つ男児と脳性マヒの女児のペア・セッションにログドラム（スリットドラム）を持ち込んだ時のことです。私がログドラムで伴奏をしながら、各人ボンゴやスネアを手で鳴らす即興活動をおこなったところ、2人とも（実はコ・セラピストも）このドラムの音色に魅了され、じっくり楽器を鳴らしてみたいと思っているようだったので、1人ずつログドラムのソロをおこないました。ログドラムはC・D・F・G・Aの調律で、どう鳴らしても旋律的でしたが、私は何かを強めるためのメロディがほしいと思い、即興で歌い始めました。

❈人数　2人以上

❈使用楽器
・ログドラム（C・D・F・G・A）
・その他、対象者が1人で扱える打楽器、手拍子など

❈活動の目的
・楽器の音色を味わう、楽器を探索する。
・自分の演奏が音楽の中心にあること、集団への自分の影響力を実感する。他者から肯定されている実感を持つこと。
・音楽と楽器、身体をコントロールすること。

❈留意点
・誰からもログドラム奏者が見えるように、席を円形に配置する。可能ならば、床に車座になるのが望ましい。
・歌はその場の必要に応じて、声色やアーティキュレーションを工夫する。
・歌いかけは、対象者の演奏のテンポを基準にし、時には音価を半分あるいは倍にして歌うこともある。

❈活動の進めかた
　Ⓐ では、それぞれ自分の楽器を選び、冒頭から1番かっこ（「1.」）までを必要なだけ繰り返し、2番かっこに進み、いったん音楽を停止してソリストを決める。
　Ⓑ では、ソリストがログドラムのところに移動（あるいはログドラムがソリストのところへ移動）し、ソリストが鳴らし始めて音楽を再開、1番かっこまでを必要なだけ繰り返し、冒頭に戻る（D.S.）。
　以上を繰り返し、最後は19～20小節目で活動を終結する。その際、リタルダンドするとよい。
　Ⓑ は「〇〇くんのたいこ」など、ソリストの名前を入れた歌詞をつけて歌うとよい。また19～20小節目で次のように歌いかけると、ソロの終止がわかりやすいだろう。

　　　　　ど―　｜　うも　｜　あり　｜　がと　｜　う

人数の多いグループで、大きな打楽器を使う即興活動を支えるメロディとしても使える。全体の音量が大きい場合、メロディを簡略化（譜例参照）したほうが全体に聞こえやすくなるだろうし、皆で歌うこともできるかもしれない。

　ログドラムのパートを、トーンチャイムなど1人1音ずつ担当できる楽器を用い、テンポをキープすることを挑戦目標とした活動もできる。

　　メロディ簡略化の例

❖この音楽にたどりつくまで

　私は対象者とセラピストの関係を、ソリストと伴奏者のように捉えることがよくあります。伴奏者（セラピスト）の役割はソリスト（対象者）の音を生かすこと、だから伴奏は重要、というように。よく考えてみれば、お互いに生かし合っているのですが。この活動で対象者がログドラムを鳴らしていた時に、ふと、「対象者の演奏に乗っかってしまおう」と思い、即興で歌いました。運転交代、対象者が音楽のドライバー、そういう気分でした。

　対象者の出すビートに自分が容易に追従できるように、音を減らして歌い、ビート（対象者：ログドラム）とロングトーン（セラピスト：歌）という対照的な構造ができました。

　メロディ・パートの6拍ずつの休符は、皆でログドラムの音に耳を傾ける時間。Bに入る前の終止形は、それまで歌の主音がFだったところをDに転調する終止を思いつき、4分音符を連続して歌ったのですが、これが驚くほど対象者に通じ、彼らは嬉々として終止に向けて演奏していました。単純にリズムのせいなのか、2人が音階の変化を感じとったのか、それとも「ソ・ファ・レ・ド・レ」というフレーズが、この5音音階から誰でも思いつきやすい「終止の定型文」のようなものであったから通じたのか……わかりません。

accompany song #1

鈴木祐仁（作）

ログドラムはオスティナート、または即興

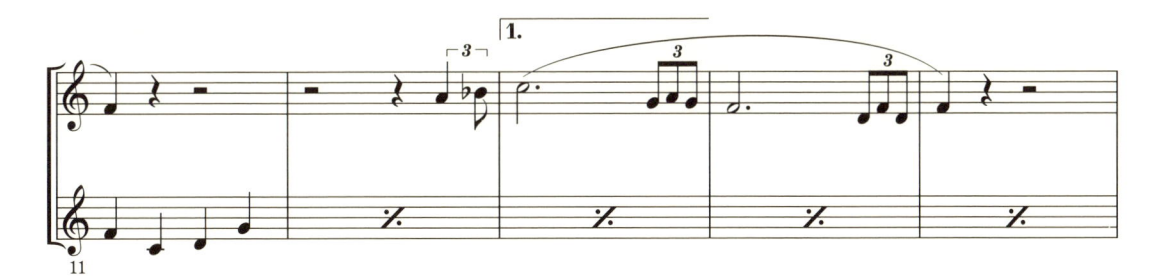

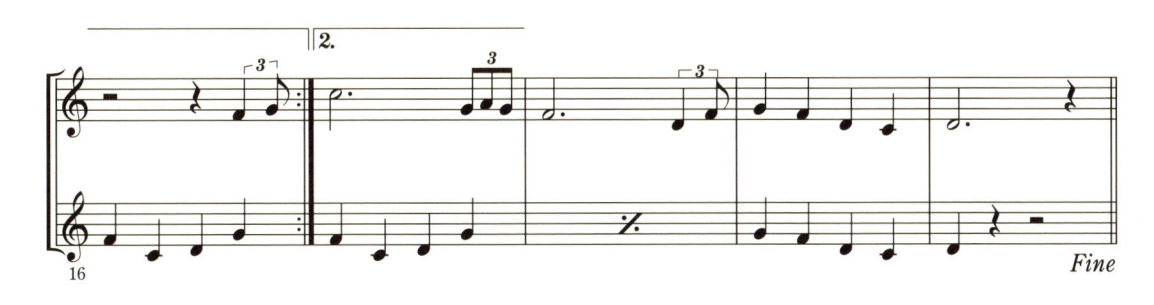

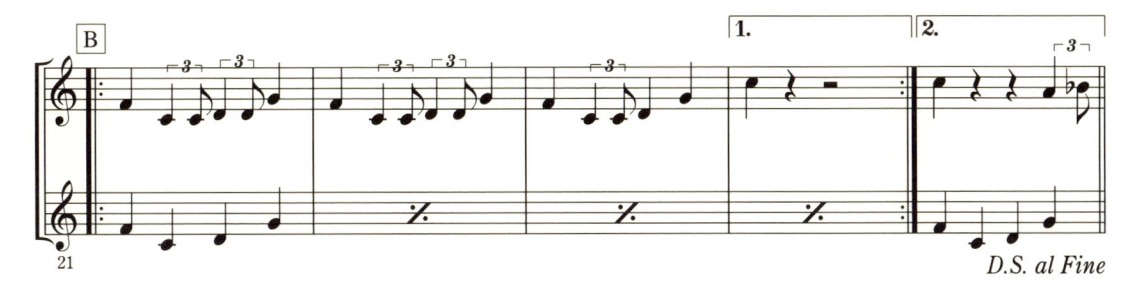

Fine

D.S. al Fine

すごす・よりそう

『だれかの音がする』　　鈴木祐仁（作）

◈曲の成り立ち
　知的障害者施設11名のグループに属する、1人のメンバーを意識しました。音楽経験の長い彼ですが、誰かの「お世話役」になることがよく見られ、音楽したい気持ちや機会をみずから失っているように見えました。彼が改めて音楽に向かえるように、役割のはっきりした音楽を提示しようと考えました。
　同時に、さまざまなコンディションの対象者が集まるグループとして、活動をどう過ごすか考え、より多くのメンバーが自分の挑戦できる方法で音を出したり聴きながら参加し、それぞれの「楽しみの追求」をしながら音楽の共有経験もする、流動的な時間をつくれたら……と考えました。
　「だれかの音がする」という歌詞は、それぞれのメンバーが、音楽をしている誰かを探して聴くことを促したり、セラピストが楽器を差し出す相手に皆の注目を向けるために使いました。あるいは、楽器や声を使ってメンバーが自発的に主張することへの促しです。誰かと歌の掛けあいをしたり、ピッチ楽器を用いて演奏するための音域の狭い単純なメロディをつくり、また、用意した楽器で即興演奏をする時に、どのタイミングで鳴らしても間違いには聞こえないコードを用いて伴奏をつけました。
　実際のセッションでは、セラピストとメンバーの歌の掛けあいや、メロディの終わりにリーダーが差し出すシンバルやウィンド・チャイムをメンバーが鳴らしたり、音積み木2人によるメロディ演奏をおこなうなど、皆の注目すべきポイントが定まった活動から始め、それぞれの活動を同時進行させたり、それぞれを即興演奏に展開していきました。
　ある時は歌い、またある時は楽器を演奏し、あるいは他者の音に耳を傾ける……それぞれがあちこちに視点や耳を移しながら過ごす時間、「なんでもあり」と言えばたしかにそうであるし、この曲でなく、たとえば無調を使った即興演奏にしてしまえば、より広くメンバーの行動を「音楽している」とセラピストが認めることもできそうです。しかし、参加するメンバー自身が他者と「一緒に音楽をしている」ことを意識できるための音楽を考えると、やはり、より多くの人が「音楽だ」と感じられるメロディやトーナリティ（調性）の提示が必要でした。

　　　　　（＊）「楽しみの追求」については、M. チクセントミハイの提唱した「FLOW」という言葉とそれが起きている状態を構成している8つの要素を参考にしました。

◈活動の目的
・グループに参加するメンバーそれぞれが自分の「楽しみの追求」をおこなう。
・上記の目的と同時に、グループ全体の音楽の共有をねらう。

◈留意点
・セラピスト（リーダーとピアニスト）が活動のなかで迷子にならないようにすること。全体に目を配りつつ活動を進めたい。必要に応じて、各メンバーにキューを出したり、同じ音楽の方法で寄り添ったり、全体の音量を調節したり、注目すべき人や音への意識の促しをおこなう。
・さまざまなことがあちこちで同時進行するので、メロディとピアノの音が全員に聴きと

れる範囲の参加人数でおこなう。
・ピアニストはコード進行と伴奏形をキープする。あるいはあまり逸脱しない程度にとどめた即興をする。

❖活動の進めかた
　以下の1〜3の方法は、それぞれ独立した活動としておこなうことができる。

　1）コール＆レスポンスを使った歌唱活動。
　2）皆でメロディを歌いながら終止の部分で、リーダーが差し出した楽器をメンバーが鳴らす。メンバー自身が立候補してもよいし、指名役を決めておこなってもよい。
　3）音積み木などのピッチ楽器を使った、メロディ演奏。楽譜にあるように2人で交互に演奏してもよいし、1人1音を担当して4人、あるいは音域を変えて2チームで掛けあいをしてもよい。

　4）上記の1〜3を同時進行させたり、シンバルやトライアングル、ウィンド・チャイムなどを加えた即興演奏を加えてもよい。

　5）曲を終わらせる方法は……
　①リーダーがメンバーそれぞれに音を止めるよう指示を出し、上記の1〜3のような、曲の骨組みがわかりやすい活動に誘導して終止する。
　②リーダーが楽器メンバーから楽器を回収し、少しずつ音を減らしながら全体の音量を下げて消えるように終止する。
　③リーダーがシンバルを差し出し、複数のメンバーで順番に鳴らす、ピアニストが即興で、いままで使われていない調やコードを使ってコーダをつくり、終止に誘導する。など。

❖人数　「留意点」を参照

❖使用楽器
　2）の場合──シンバル、ウィンド・チャイムなど、手で鳴らすことのできる金属楽器
　3）の場合──音積み木のオクターヴ違いのセット（$g^1 \cdot f^1 \cdot d^1 \cdot c^1 \ / \ g^2 \cdot f^2 \cdot d^2 \cdot c^2$）
　4）の場合──上記の楽器に適宜加える。ただし、音の量に注意すること

だれかの音がする

鈴木祐仁（作）

歌の場合はオクターヴ下げて歌う

だれかの　　おとが　　する　　する

『その手で』　小川裕子（作）／木下さつき（編）

❋曲の成り立ち

身体の緊張も高く、興奮すると呼吸がどんどん浅くなり、身体が過敏に反応してしまう自閉症の男の子（当時小学５年生）の葛藤のなかで生まれた曲です。

「その手で」と歌いかけると、自分の手を意識し、照れて顔をおおい、眺め、握り、楽器に近づける……けれども触れない……。そんなクライエントの葛藤と呼吸を感じながら、たっぷりと間をとっていきました。物に、人に触れられずにいるクライエントが、だんだんと人に楽器に音楽に興味を持ち、その〝手〟は「ぼくの手なんだ」、「ここにいるんだ」と実感しているようでした。

コ・セラピスト（先生と呼びかけていますが）が時々ウィンド・チャイムを鳴らすと、彼はコ・セラピストにアイコンタクトを送り、その音・楽器をじっと見ます。続いて自分も触ってみようとする。「一緒にいるよ」という歌詞は、その２人の関係を歌にのせたものです。

次第にクライエントは、ほんの少しずつウィンド・チャイムに触れるようになり、自分の音を確認しながら、音楽が広がっていきました。

❋人数　１人（グループのなかでの個別的なかかわりの場面等）

❋使用楽器　ウィンド・チャイムなど

❋活動の目的
・緊張の緩和。
・身体感覚へ働きかける。
・自己実現へ向けて。

❋留意点

伴奏はシンプルに、細かいリズムを極力抜いて、クライエントのために自由な間をとることがポイント。クライエントの自発性を尊重しながらおこなう。

❋活動の進めかた

１つ１つのフレーズを、クライエントの呼吸を確認しながらていねいに進めたい。

臨床のなかで生まれたフレーズなので、実践的ではないと思う。ショート・ヴァージョンからも、自由に交流を発展させていただきたい。

❋この音楽にたどりつくまで

この曲は即興のなかでできあがりました。彼の〝手〟を、身体の一部の意味あるものにしたくて、テヌート気味に、ていねいに歌っていきました。

反応があったのが、「その手で」と２回目に歌いかけた時でした。彼が大きく息を吸い込み、手をヒラヒラさせました。そして３回目にその手で顔をおおい、うつむきました。

このとき、直観ですが、クライエントは自分の内に湧いてきたものを自分自身で味わおうとしたように感じました。そこで、メロディを４度下げ、次を待ちました。

こうして１つ１つの動作（目線、呼吸、しぐさ……）を確認しながら、フレーズができて

いきました。
　中間部は、集中して少し緊張したクライエントの〝息抜き〟として、さらっと流しています。曲のなかに、緊張と弛緩を意識しました。

　　　　　……**編者より**……
　「その手で」のモチーフ、「その」から「手」に跳躍して手に焦点をあて、続く「で」は同じ音程を使っており、セラピストが対象者に対して、強要せずに繊細な呼びかけをおこなっていることが感じられます。
　オリジナル楽譜はセッションのプロセスを反映しているので、このまま他のセッションに用いるのは難しいかと思います。そこで作曲者の許可をいただき、手に焦点をあてた活動に応用できるショート・ヴァージョン（51頁）を編者が作成しました。オリジナル伴奏形などと合わせてお使いください。

その手で

小川裕子（作）／木下さつき（編）

たっぷりと

その手で その手で その手で その手で どんな おとが するのかな すこし てれちゃう けど その手 で その手で さわ－ってごらん どん な おとが する の かな その手で たしかめて－ごらん せん

せいも いるよ いーっしょに いるよ すこし てれるけど いーっしょに いるよ その
手で ー さわーってごらん どんな おとが するかな その手
で その手で ならして ー ごらん せん
せいと いっしょに ならして みよう その手で ならして みよ う ー

その手で
(ショート・ヴァージョン)

その手で その手で その手で その手で どんなおとが するのかな その手で 鳴らして みよう その手のかな その手で 鳴らして みよう —

『無調即興』　　生野里花（作）

❖ **曲の成り立ち**
　これは、即興合奏を試みても、①対象者が固執する演奏法に入り込んで、同じリズム・パターン、音列、音量、音色などに停滞してしまう、あるいは逆に、②意味を感じさせないほど次々と移り変わっていく、などの傾向を見せるとき、セラピストがどう向き合うのかを考えてつくった1アプローチです。
　固執する（①）、移り変わる（②）の要因は、感覚刺激、不安、防衛、抵抗、逃避、陶酔などいろいろな解釈が考えられますが、要するにセラピストははじきだされた格好になり、「合奏」が成り立たず、結果として療法的介入が難しくなります（「移り変わり続ける」ことは「逆固執」とも呼べるでしょう）。
　こういう場合、まず考えられる基本の音楽アプローチは、対象者のすることに同調し、共感を示しながら付き添ったり、和声などの意味づけをして返すといった方法です。
　しかし、その方法では突破口が見いだせないケースもあります。私の出会ったケースでは、対象者が太鼓やピアノを演奏しているとき、セラピストがきれいな和声をつけたり、対象者のモチーフを発展させたりしても、①対象者の固執パターンに延々と取り込まれるだけで、関係上はまるでセラピストが存在していないかのように平行線をたどる、②同調しても同調しても、それを避けるかのように次のパターンに移り変わられてしまい、セラピストはただ対象者のあとを追いかけていくだけになるなどし、いずれにしても向き合う関係が成立しませんでした。
　そこで、「ついていく」ことで関係を樹立するという発想を転換し、「ついていかない」ことを雄弁に表現しながら関係を築けないかと考えました。同時に、「予定調和的」な音楽ではなく、現代音楽やポストモダンのテイストを使ってみたらどうだろうかという発想も生まれました。対象者が太鼓で固執に陥ったとき、セラピストはピアノの和声進行を取りはらい、メロディもリズムも予期できない演奏＝ランダムなアクセントがつく無調のユニゾンに切り替えてみました。また、ピアノの連弾で対象者が固執パターンの演奏に没入していった時は、リズム、和声、メロディ、テンポなどを故意に異質なものにして、表情たっぷりに即興してみました。
　これらはいわば「寄り添うが、賛同しない」という関係を提示する演奏と言えるでしょう。この対象児は、生きいきとした表情になってセラピストの音楽に耳を傾けただけでなく、その異質な音楽のスリルを楽しみながら、自分のパターンを脱して合奏に復帰し始め、新しい関係を築くことができました。

❖ **人数**　1人（個人セッションを想定）

❖ **使用楽器**
　その対象者との即興にふさわしい楽器（もともとはセラピストのピアノと対象者の打楽器、あるいはピアノ連弾というかたちで考えたが、基本コンセプトを応用すれば、ほかの組み合わせでもできるだろう）。

❖ **活動の目的**
　固執（①）、移り変わり続ける（②）＝「逆固執」を脱し、セラピストと向き合う関係

を築くこと。

❖留意点
・臨床即興の1アプローチなので、対象者の様子を全感覚で感じとり、語りかけるように演奏する。
・無調、予定調和からの脱却といっても、ただ無意味な音の羅列や、気分にまかせた表現を続けるという意味ではなく、あくまでも対話をしていることに留意する。
・セラピスト自身、言語化できないような音楽であっても、ダイレクトな感情移入によって表情豊かに演奏する。
・セラピスト自身のなかでも「予定調和」や「パターン化」に流されない意志のようなものが必要で、場合によっては、事前にヴォキャブラリーや奏法を練習しておくことが必要かもしれない。また、いくら異質な音楽を繰り出しても、それ自体が無意識のうちにパターン化していくことがあるので留意したい。

❖活動の進めかた
・対象者がどんな楽器を手にし、どのようなパターンを演奏しているかにもよるが、基本的にセラピストは「無調」で演奏する。
・リズムは、「ほとんど一様でパターン化できない」、あるいは「多様な長さの休符や音符を極端に変則的に組み合わせる」などを使うことができる。
・フレージング、拍子のとりかたを、任意に変え続けることができる。
・ダイナミクスは「予期できないところでランダムに表れるアクセント」「急激な変化、極端な強弱」などを使うことができる。
・「ユニゾン」「不協和音」「予期できないランダムな音程の組み合わせの連鎖」などが使える。
・テクスチャーは、「両手オクターヴのユニゾン」や「厚い和音」などで、インパクト（対象者に強く語りかけることができる質）を持たせる。
・「寄り添う」要素を1つか2つ設定する。たとえば、同じ楽器の共有、8拍ごとに休符が入るなどのフレーズ感、リズム・モチーフの断片的な反映（模倣）など。

こうした枠組みのなかで、対象者の様子を見ながら「寄り添いつつ賛同しない」という表現を重ね、新しい関係構築のチャンスを待つ。

……**編者より**……
　お互いの音の異質さを用いる……非常にパワフルな様子が想像できますが、和音（特に協和音）や整ったリズムから逸脱することは、人（セラピスト）によっては大きな決断や勇気が必要となるかもしれません。しかし、なにかしら感じられる「調和」が、このアプローチに取り組むセラピストを後押ししてくれるようにも思います。無調が調和の1つの状態であるからなのか、強い響きやリズムで自分の存在を対象者に知らせ続けるからなのか……調和を感じる理由はどこからくるのでしょう。

無調即興

生野里花（作）

〔例1〕対象者が太鼓の上でバチをトレモロ的にはずませるパターンに固執し、
　　　 セラピストがピアノを弾いているとき

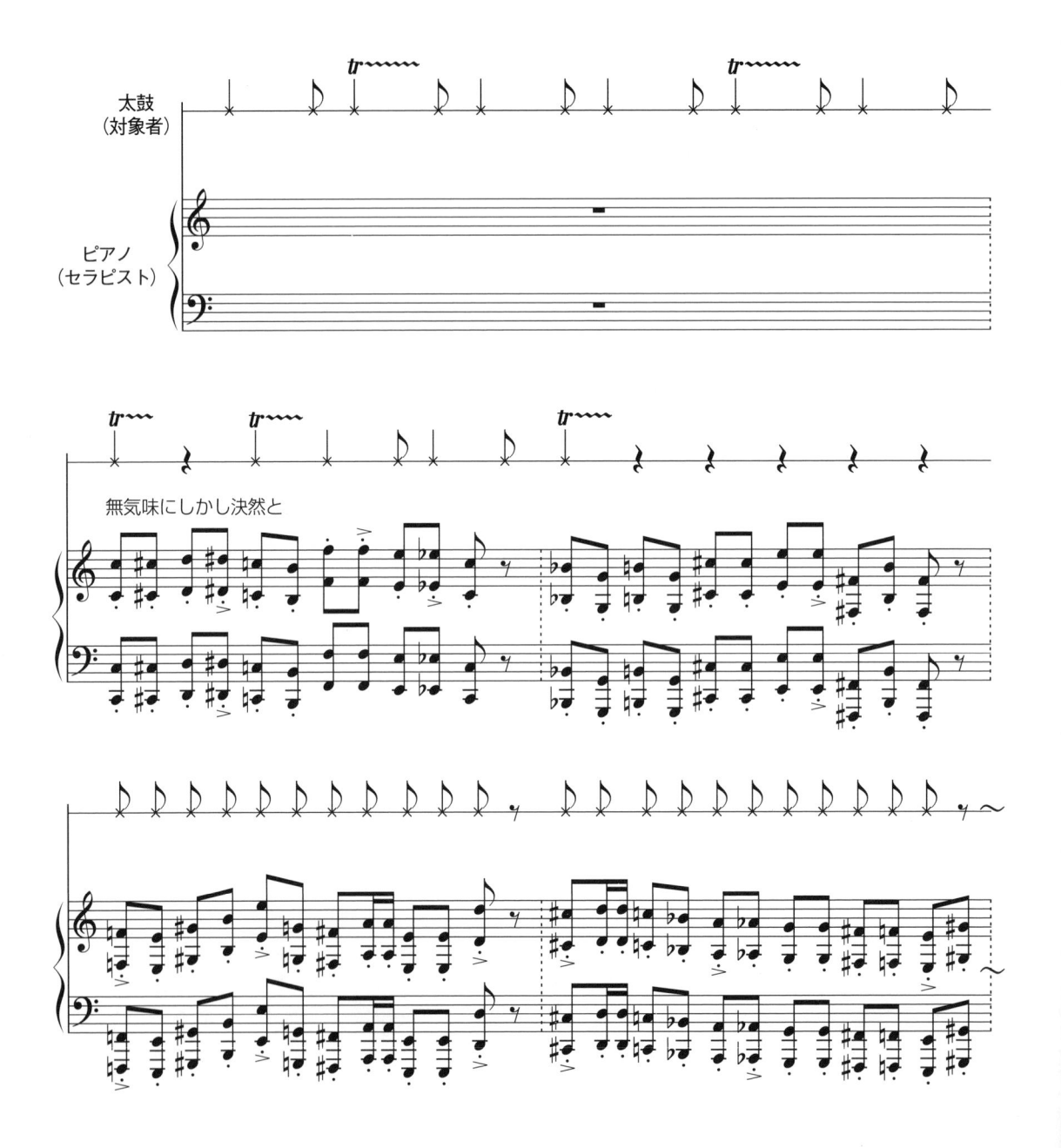

無気味にしかし決然と

〔例2〕ピアノ連弾即興のなかで、高音域を弾いている対象者が、
　　　　フォルテッシモで隣接音に移動していくパターンに固執しているとき

考える・表現する

『カレーライスのうた』　　小柳玲子（作）

❈曲の成り立ち
　放課後のグループ・セッション。さあ、今日も音楽するぞ！とこちらが張りきって出迎えても、子供たちは外の出来事をめいっぱいお土産に持ってくることがあります。「今日、宿泊学習の練習でカレーをつくった！それでそれで……」
　本当はじっくり聴いてあげたいけれど、会話についていけない子もいるし、早く音楽を始めたくてじれったそうな子もいるし……。そこでグループで共有できるよう、その話題を音楽に取り入れて活動することにしました。いわば子供たちの日常と音楽セッションを結ぶ、玄関アプローチのような活動です。

❈人数　2～6人程度

❈使用するもの　紙と鉛筆

❈活動の目的
・話題をグループで共有する。
・協力して1つのものをつくる。

❈活動の進めかた
　カレーライスに必要な材料を、1人1つずつ、紙に書く。歌に合わせて発表していく（グループに応じてセラピストがまとめて発表してもよいし、子供が各自で発表してもよい）。
　カレー以外の食べ物や、プール（遠足）に出かける設定で持ち物を書くなど、さまざまに展開できる。

❈留意点
　こうしたゲームを皆で楽しむには、ある程度の発達レベルが必要。特に勝敗や順番へのこだわりが強いと難しいこともある。ちゃんと材料がそろわないことが不満で、何度言っても1人で全部書いてしまう子も……。もちろん、子供同士が内緒で根まわしして、分担するようになったら、すごい進歩。

❈この音楽にたどりつくまで
　既成曲でも同じような歌がありますが、小学校高学年～中学生のグループだったので、もう少しパンチの効いた大人っぽい雰囲気にしたいと思いました。「カレーライス！」とシャウトするところや、「まだまだまだ〜」と連呼するところに、思わず口ずさんでしまうような、キャッチーなフレーズを取り入れました。

……編者より……
　ニュースを、なじみのあるメロディに乗せて人々に伝える、そういう歌の使いかたは世界中にあるようです。歌のもつ、伝統的な機能・役割の1つがこの曲では用いられています。

カレーライスのうた

小柳玲子（作）

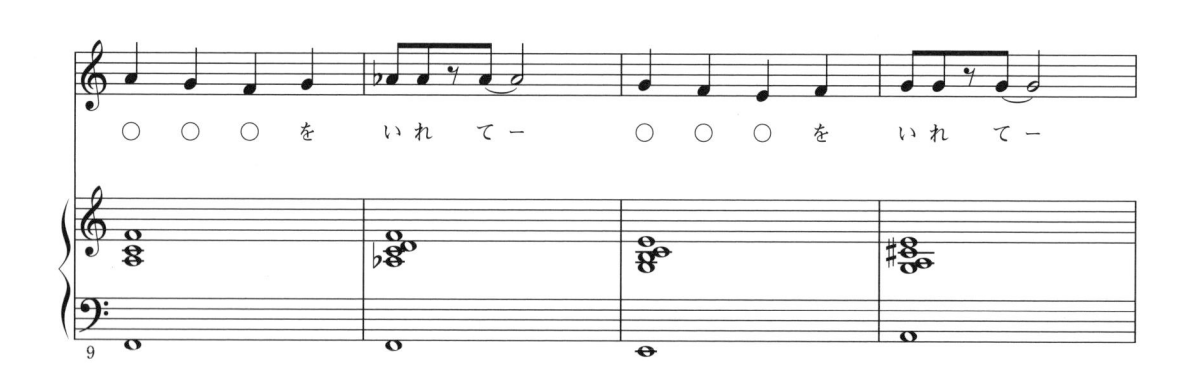

歌詞:
みんなで つくろうー おいしい「カレーライス！」
みんなで つくろうー おいしい「カレーライス！」 *Fine*
○○○を いれてー ○○○を いれてー

○○○を いれて― まだまだまだまだ たりない―

○○○を いれて― ○○○を いれて―

そろそろ おいしい カレーライスの できあがり！

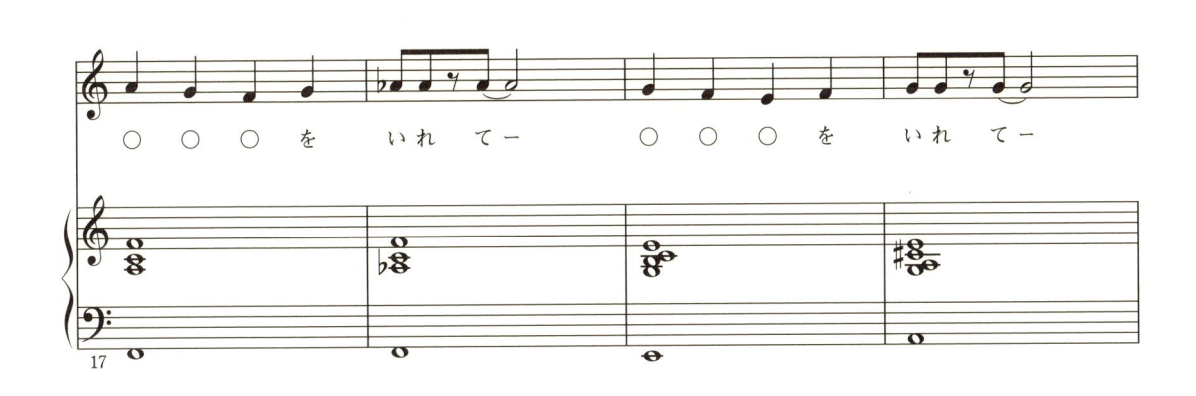

D.C. al Fine

考える・表現する | 61

『タイコジャム』　　橋本優子（作）

※ **曲の成り立ち**
　この曲は、小学校中学年の男の子4人を対象としたグループ・セッションのためにつくりました。言語理解はあるものの、いざ人に伝えようとするとスムーズな発語が難しい子供たちが、リズムに乗せて身構えることなく自然に言語表出できるようにと考えました。
　また、メンバー同士お互いを意識しつつも、グループで一緒に何かを楽しむということが初歩の段階にある子供たちだったので、それぞれがスポットライトを浴びる場面を持ちつつ、メンバーから発せられた言葉を全員で復唱して言葉の持つリズムを全身で楽しみ、お互いを尊重しながらグループの一員として活動を進めていけることを目指しました。

※ **人数**　特に制限なし（全員に発言の順番が回ってくる人数が望ましい）

※ **使用楽器**
　太鼓（ジャンベやボンゴ、コンガなど。バチを使わず直接素手で叩いて音を出すもの）

※ **活動の目的**
・リズムに乗せて各自が言葉を発し、皆がその言葉を受け入れて、共に太鼓を叩き復唱することで、自信を持って集団活動に参加する経験を積む。
・全身を使って太鼓でリズムを取りながら、思い切って大きな声で人に伝える経験をもつ。
・他児の発言やリズム打ちに注目することにより、メンバー同士が互いに関心を持ち、グループとして音楽活動を楽しむ経験を積む。

※ **留意点**
・順番に回ってくる各自の発言の場では、たとえ上手く言葉が出なくても許される雰囲気づくりを心がけ、自由に伸び伸びと、なんでも発言できるように促す。また、お互いの発言を、各自が尊重して聴く姿勢をもてるよう促す。
・題材は、「好きな〇〇」など、その子供たちが興味・関心を持てる題材や、身近な題材、共に理解できる題材を選ぶ。また、質問の理解が難しい場合には、絵カードやボードを使って、選択肢がいくつかあるなかで子供が選ぶようにしてもよい。

※ **活動の進めかた**
・各自1つずつ太鼓を担当し、無理なく会話のキャッチボールができるくらいの距離で輪になって座る。
・初めて導入する際には、メイン・テーマを何回か繰り返し、皆が慣れて曲のなかで太鼓を叩けるようになってきてから、即興部分（言葉＆リズム遊び）へと入っていく。
・即興部分では、まずはセラピストが適当な言葉＆リズム打ちを提示し、皆で太鼓でリズムを取りながら復唱する。子供たちが活動の構造を大まかにつかめたところで、順番にそれぞれ発言の機会を持つようにする。
・活動の終了の際には、「連打 〜 最後の一打の決め打ち」など、そのグループに合った終わりかたを模索するのも良い。

❖この音楽にたどりつくまで

　この曲を作るにあたって、まず初めにイメージしたのがアフリカン・ミュージックのジャンベ・セッションと、バリ島のケチャという男声合唱でした。アフリカン・ミュージックの自由で開放的な雰囲気と、ケチャの持つ集団でおこなう言葉＆リズム遊びの一体感といった要素を上手く取り入れることはできないかと考えました。その出発点から曲の雰囲気は変わりましたが、"自由で開放的""言葉＆リズム遊びの一体感"を常に念頭に置いてつくりました。

　具体的には、活動の枠組みを大まかに設定しつつも、言葉の持つさまざまなイントネーションやリズムに対応できるよう、ある程度自由にリズムやテンポを動かせるマイナー・ブルースの曲調を選びました。

　メイン・テーマの伴奏形は、日本に古来からある縦割りのリズム型ではなく、自然と身体がスイングしてしまうような自由で開放的な雰囲気を出したかったため、シンコペーションを用いました。"これからどんな言葉＆リズムが飛び出してくるんだろう"という期待感を子供たちに持ってほしいと考えたからです。

　この曲には、自分で意思伝達が苦手だということを自覚している子供たち、人とコミュニケーションを取ることに自信がもてない子供たちが、好きな音楽を通して、内面にある力強い思いやメッセージを人に伝え、共感しあい、楽しむという経験を少しでも積めればという願いが込められています。ですから、メイン・テーマの「バーンババン　ババ、バーンババンバン」という歌詞は、音楽を全身で感じ楽しみ、自らの内面にあるものを直接素手でジャンベに叩きつけて、外へと表現していくイメージから生まれました。

……**編者より**……
　作曲者がイメージをしっかり持って選びとった「バーン」というオノマトペが非常に雄弁です。その音色をシンコペーションやピカルディ終止がより力づけています。

タイコジャム

橋本優子（作）

『ズン・ズン・チャッ！　ズン・ズン・チャッ!!』　　松﨑聡子（作）

❖曲の成り立ち
　軽度の発達障害、知的障害、ダウン症など混合の成人のグループのためにつくりました。思考力を使い、グループのなかで自分の意見を自由に言うこと（歌うこと）、また他の人の意見も聴いて認めることなどができるように考えました。

❖人数　特に制限なし（5～6人程度が望ましい）

❖使用楽器　特になし

❖活動の目的
・リズムに乗って、身体と気持ちを解放する。
・自分の行動を思い出したり、これからやろうとしていることを声を出して言えるようにする。
・他の人の話も聴いて、受け入れ、認められる気持ちを育む。

❖留意点
・YESかNOかで答える質問ではなく、少し思考を必要とする質問を考える。
・あまり複雑な質問はしない。
・リズムをカッコよく刻む。

❖活動の進めかた
　音楽に合わせて、参加者の全員で"ズン・ズン・チャッ"というリズムを刻む。1拍目＝左足、2＝右足、3＝拍手、4＝休みとすると、リズムに乗りやすい。
　1）皆で円になり、セラピストがリードをしながら質問をしていく。
　2）誰かを指名し、質問をし、答えていくことを繰り返していく。
　3）セラピストの代わりにリードをしたいというメンバーがいたら、適宜交替して進めて行く。

❖この音楽にたどりつくまで
　最初はラップのようなことができないかと考えていましたが、少し音程があるほうが歌いやすいことがわかり、少しずつ変化してこの曲にまとまりました。
　"ズン・ズン・チャッ"のリズムに合わせて、身体と気持ちが少しずつ解放（開放）され、楽曲の持つエネルギーとの相乗効果で、たまったエネルギーを発散できるようにしたいと思い、セッションで使ってみたところ、クライエントに大変支持され、よくリクエストをされる曲になりました。
　自分の思ったことを歌にすることで、緊張せずに口に出せるようになり、他の人の話も、歌詞になると自然に聴けるようになるようです。
　"ズン、ズン、チャッ"というわかりやすいリズムであること、大地を感じるようなリズムなので安定感があること、エネルギーを発散できる雰囲気の音楽であることが好まれる理由ではないかと思っています。

ズン・ズン・チャッ！　ズン・ズン・チャッ!!

松﨑聡子（作）

……**編者より**……
　日ごろ自分が耳にしていて、憧れを抱いている音楽の主役になる。それは「挑戦」のための大きな動機づけになりそうです。挑戦とは感じないかもしれません。コール＆レスポンスやリフレイン（オスティナート）など、伝統的な要素を組み合わせながら、ポップスのスタイルを用いるアイデアが参考になります。

『まねっこしよう』　青木久美 (作)

◈曲の成り立ち
　この曲は、ある自閉スペクトラム症の女の子（当時、小学1年生）のためにつくりました。その女の子は模倣する能力は十分あるのに、セッションでの模倣活動には、まったく関心を示してくれませんでした。個別セッションだったため、まわりの雰囲気にのせられて、ということも期待できませんでした。彼女に「セラピストの動きを真似したい」「（人と一緒におこなう）模倣って楽しい！」と思ってもらいたいという願いから、この曲ができあがりました。この音楽を使用するようになって、彼女は模倣活動に関心を示すようになり、セラピストが提示する動きを真似たり、自分でもイメージを広げ、見立て遊びを活発におこなうようになりました。
　言語でのコミュニケーションが可能な小学校高学年の自閉症男児のグループでは、2本のシンプルな棒を、実に見事にさまざまなものに見立ててくれています。このグループのメンバーは、同じものを披露するのはプライドが許さないのか、日常生活のなかで見立てられるものを探し、セッションに臨んでいるようです。季節や、その時期のイベント（オリンピック等）と関連したイメージ遊びが展開されています。
　いずれのセッションにおいても、この活動を通して、模倣・イメージする力だけではなく、お互いの表現を認める気持ちが育ち、他者との関係性が深まったことを実感しています。

◈人数　モデリング役の大人を含め2人以上

◈使用楽器　クラベス　2本1組×人数分（円柱形のもので、底は平らなものが望ましい）

◈活動の目的
・模倣する力、想像する力を高める。
・他者とイメージを共有する。
・他者の表現を認め、共感する。
・他者に認めてもらう経験を重ね、自己肯定感を高める。

◈留意点
・子供の足裏が床にしっかりつくような椅子に座って活動する。できれば靴を脱いで活動できる環境でおこなうことが望ましい。
・モデル役の1人と、他のメンバーが対面する構造を設定する。

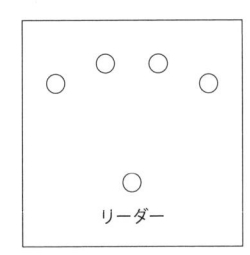

・子供の表現に対し、肯定的な言葉かけをするなど、子供が安心し、自信をもって活動に参加できるような雰囲気作りを心がける。

❄活動の進めかた
1）3～6小節までは、音楽に合わせて皆でクラベスを拍打ちする。6小節目の終わりで、リーダー役は考えたイメージを披露する。その後、皆で提示された動きを真似する。12小節目の休符で動きを止め、13小節目から再び皆で一緒に鳴らす。
2）活動に慣れるまで、大人がリーダー役を担う。その後は、メンバー（大人も含めて）が交替でリーダー役を担当する。子供がイメージできずに困っている場合は、ヒントを出すなどのサポートをする。
3）セラピストは、6小節目以降、提示されたイメージを擬態語、言語で表現し、活動を支える。
4）リーダー役を交替する際は間奏部分を繰り返し、音楽が途切れないように配慮する。

❄この音楽にたどりつくまで
真似したくなる＝ワクワクする雰囲気の音楽にしたいと思いました。符点のリズムをベースに、メロディ・ラインに少しおどけた感じになるような音を加えました。「まねっこまねっこしよう」と、歌詞・メロディ・リズムを反復させたことで、子供が歌いながらこの活動をリクエストしてくれることもありました。

イメージの提供がおこなわれると、一生懸命真似し合うのは素晴らしいことですが、席から離れ、ザワザワした雰囲気になることもあります。トレモロ後にいったん音楽を止め、「じょうずにできた」と音楽で締めることで、再び子供たちの集中を促すことができます。

……編者より……
11～12小節目のコードのトレモロと12小節目の休符は、活動の流れを知っていても「どんなこと言われるんだろう…？」とドキドキしそうです。ゆえにその後の「じょうずにできた」で、対象者は大きな安心感や嬉しさを得るのではないでしょうか。

まねっこしよう

青木久美（作）

皆で一緒にクラベスを鳴らす

ま ねーっ こ ま ねーっ こ し よー うー ○ くん の ま ねーっ こ し よー うー

ここでリーダー役が
イメージを提示する
（例：お料理）

とん とん とん　とん とん とん　とん とん とん とん　とん とん とん とん

考える・表現する | 71

『同じものはどれ?』　　飯島千佳（作）

◈ 曲の成り立ち
　中学生の自主グループでの少人数セッションのためにつくられた曲です。このセッションでは椅子に座って楽器演奏をしたり、皆で手をつないで動いたりという活動をしていましたが、中学生の元気な子供たちが集まっているので、広いスペースを使って活動的なことをしたいということで考案しました。さまざまな色や形のカード（赤・青・黄色・緑、丸・四角・三角・星形など）を使って、物事の認知を促す活動です。

◈ 人数　何人でも可能（課題のヴァリエーションや集中の持続を考えると、5人程度が上限）

◈ 使用するもの
・活動用のカード（さまざまな色・形のもの）
・課題を書いたカード（「赤」「四角」「黄色」など）
・ホワイトボードや黒板など、カードを貼れるスペースがあるもの

◈ 活動の目的
　・出された課題に合ったものを認知し弁別する。
　・活動のスタートとゴールを意識する。
　・他の対象者の活動に関心を向ける。

◈ 活動の進めかた
　1）活動用のカードをホワイトボードなどに貼る。このとき、必要に応じて「これはどんな形？」「これは何色？」などと対象者にたずねながら提示すると、興味の喚起や認知を促せる。
　2）スタート地点とゴール地点を設定する。筆者の考案ではスタート地点とゴール地点は同じ場所としているが（＝ホワイトボードを折り返し地点にして、同じ場所に戻ってくる）、構造上可能であれば、違う場所に設定したほうが、「ゴールした！」という感じが出て良いかもしれない。
　3）対象者は、スタート地点で課題の書かれたカード（「丸」「赤」など）をくじびきの要領で引く。
　4）セラピストは、歌詞の「〇〇」の部分に課題をあてはめて歌う。
　5）歌い終わったら、対象者はホワイトボードのところに行って、課題に合った活動用のカードを集め、それをゴール地点に持ってきて、セラピストと答え合わせをする。

◈ 留意点
　本来は広いスペースを使っておこなう活動だが、対象者の手元でもおこなうことができる活動なので、身体的に制約のある対象者や、動きまわることを好まない対象者でも可能。
　課題の提示はカードを引くことでなされるが、対象者によってはその過程を省き、歌詞に課題をあてはめて直接提示するほうがよい場合もある。
　課題に合ったカードを集める際、小さめのホワイトボードなどを使い、そこに集めたカードを貼るようにすると、対象者にとって活動の構造がよりわかりやすくなるだろう。対象者がカードを集めているあいだは、ＢＧＭ的に曲を演奏するなどして、まわりの人が手

持ち無沙汰にならないよう配慮する。
　活動に慣れてきたら、答え合わせの部分をセラピストではなく他の対象者にやってもらうのもよい。

❈応用法
　応用として、「赤」という課題に対して、「りんご」「ポスト」「いちご」など、日常にある赤いものを選んだり、「夏」という課題に対して、夏の季節に合ったものを選んだりと、認知をより概念的に発展させたものにすることも考えられる。

❈この音楽にたどりつくまで
　中学生の子供たちのための曲なので、元気で活動的な雰囲気になるよう、付点のリズムやスタッカートを用いたり、D調（ニ長調）で快活な曲風にしたりしました。曲中の「どれ、どれ？」の部分のメロディを2回とも同じリズムにし、聴いている人にもその部分が印象づけられるようにしました。
　カードを集めに行く前の導入としての曲なので、歌詞で活動内容を表しつつ、活動までの待ち時間があまり長くなり過ぎないように心がけました。

……**編者より**……
　音数が急に減る2つ目の「どれ？」の瞬間、耳が歌に引きつけられます。おぼえたら、その瞬間をねらって一緒に歌うことが楽しくなりそうです。

同じものはどれ?

飯島千佳（作）

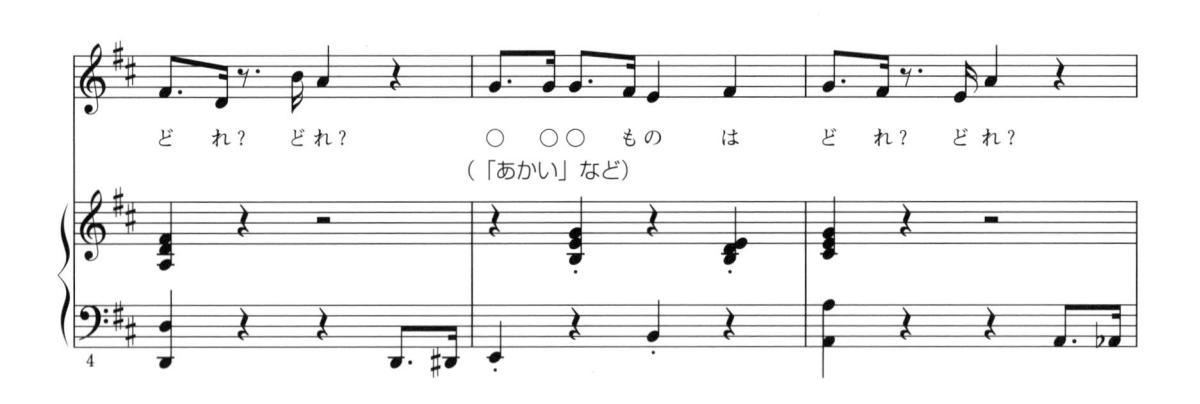

♩=120～126 くらい

お　な　じ　もの　は　ど　れ？ど　れ？　○　○○　もの　は　ど　れ？ど　れ？
（「あかい」など）

さ　がし　て　み　よう　い　くつ　ある　か　な？　み　つけ　られ　る　か　な？「スタート！」

『マレットで何ができるかな？』　　高田由利子（作）

❖ 曲の成り立ち
　　マレットを手渡すと太鼓を叩くより、セラピストの頭や壁、そして床を叩いてはセラピストの反応を見て面白がる自閉症児の個人音楽療法のためにつくりました。マレットを取り上げるより、敢えてマレットを用いてさまざまな表現方法（擦る、上下・左右に振る、相手のマレットと擦りあうなど）を提示したところ、上下に大きく振り、セラピストのマレットに擦り合わせる行動が見られ、身体表現の促進や相互作用の発展につながりました。

❖ 人数　　個人・少人数のグループ

❖ 使用楽器　・マレットまたはドラムスティック　一対×人数分
　　　　　　・ハンドドラム

❖ 活動の目的　・自分から表現のアイデアを出す。
　　　　　　　・相手の表現を模倣する。
　　　　　　　・様々な表現を楽しむ。

❖ 留意点
・アイデアを出すことが難しい対象者の場合、セラピストがアイデアを提示し、また、必要に応じてモデリングを示す。
・マレットを持った瞬間に楽器を叩く対象者の場合、Aの部分から楽器を差し出し、「マレットで太鼓を叩こう」などと歌詞も随時変えていく。
・Bでは、対象者の動きに合わせたテンポ・拍・リズム、さらに調性も変化させていく。

B 伴奏の応用例
こする

振る
またはトレモロで

❖ 活動の進めかた
　　椅子に座った状態でマレット一対ずつを人数分配り、セラピストが「マレットで何ができるかな？」と歌いながら聞く。そのとき、対象者から出てくるアイデアや表出されている行動を取り入れる。また、少人数グループでは、順番にアイデアを聞き、それらを皆で共有する。

◈この音楽にたどりつくまで
　セラピーの初期段階で、マレットを手にすると壁や床を叩いてはセラピストの反応を見るクライエントの行動を受容し、そのエネルギーを肯定的な方向に変えたいと思った瞬間にこの曲は生まれました。曲はヘ長調ですが、筆者は即興演奏のとき、ヘ音から弾き始める傾向があります。ヘ長調については、程よいバランス感、安定性や親しみ、そして探求へのスタート地点といったイメージをもっています。この日も「マレットで何ができるかな？」とクライエントに歌いかけたとき、左手は無意識にヘ音から始まるベースラインを弾いていました。また、和声進行やフレーズの流れをシンプルにすることで、疑問形をクライエントにしっかり届け、行動が起こしやすくなるようにと心がけました。

……**編者より**……
　対象者がどんなアイデアでも披露してみようと思えるような、この曲の肯定的な雰囲気は、メロディ・ラインにカギがあるような気がします。

マレットで何ができるかな?

高田由利子（作）

声をつかって

『声をだそう』　　小柳玲子（作）

◈曲の成り立ち
　発声を、課題的な展開でおこなうことに、とても抵抗感があるXちゃん。太鼓のバチをマイクに見立てて指し向けると頑なに口をつぐんでしまい、歌の活動ではいつも辛そうです。曲の途中で得意な太鼓を叩く箇所があったら、少しは参加できるかな？と思っていたら、こんな活動になりました。

◈人数　10人程度

◈使用楽器　太鼓のバチ×人数分、ハンドドラム

◈活動の目的　リラックスして声を出す。

◈活動の進めかた
　子供が各自バチをマイクに見立てて持ち、偶数小節で自由に声を出す。3段目はセラピストがハンドドラムを差し出して、子供が叩く。

◈留意点
　3段目は遊びの時間。太鼓だけでなく、「〇ちゃんの足」と歌いかけてくすぐったり、「先生の声 → ニャー」などおかしな声で笑いを誘ったり、子供が喜びそうなアイデアでリラックスさせる。一度力を入れてから抜くほうが脱力を意識しやすいので、9小節目からだんだんテンポを速めて迫っておいて、13小節目の *rit.* でふーっと一気に力が抜けることをねらう。

◈この音楽にたどりつくまで
　「歌」となると警戒してしまうので、「声をだそう」という言葉のイントネーションをなぞっただけのメロディで始めました。2段目は音域の変化にそって自然に　＜　＞　がつくようにしました。

……編者より……
　作曲の際、対象者に課題感を感じさせないよう苦労している方は多いのではないでしょうか。音楽のなかに、意図的に息抜きを取り入れたことが参考になります。

声をだそう

小柳玲子（作）

『どんな声？』　　鈴木祐仁（作）

❖曲の成り立ち
　知的発達障害通所施設の10名のグループに対してつくりました。グループにはさまざまなコンディションの人がいます。なるべく多くの人がそれぞれの方法で参加し、皆で共有できるような1つの活動になることを心がけて曲を書きました。

❖人数と使用楽器　特に制限なし

❖活動の目的　・長い発声と音程のコントロール。
　　　　　　　・自身が「どんな声」なのか考えたり、感じたりする。
　　　　　　　・一緒に活動している他者に関心を向ける。

❖留意点
・ A をトーンチャイムやラッパなどで演奏できる。キーボードにマークをつけて1人で演奏することもできる。
・ B でクライエントがリーダーを担い、マイクを持って他のクライエントに発声を促す活動もできる。
・ B の呼びかけで、各クライエントの呼び名とメロディの音程に違和感がある場合、B♭とGを使ってふさわしいフレーズをつくること。

❖活動の進めかた
　3つの場面があり、それぞれを必要な回数繰り返したり、つなぎ合わせたりする。
・ A は最初に歌詞を説明したり、セラピストがアカペラでモデリングし、皆で練習する。また、メンバーにソロで歌ってもらうこともある。
・ B の1小節目はB♭とGの音を使って、呼びかける名前の音程に合わせる。必要な回数繰り返す。マイク（のようなもの）を使用するとわかりやすい。
・ C は皆で息が合うように、リーダーが合図を出す。
・ C から A に戻る場合、ピアニストは C の最終小節からアルペジオを弾く。

❖この音楽にたどりつくまで
　セッションで使えそうな音楽の断片を書き留めておくメモから、目的に合うモチーフを選び使いました。作曲中、私は、容易さから「あ」で発声することを選びがちで、「うたってみよう」と促せば「あ」と答えるフォーマットに自分がはまり込んでいるような気がしました。そんな反省を含め、 A の部分ではメンバーが歌いやすそうな意味のある言葉「こえ」を選びました。声をスムーズに長くだせるような雰囲気づくりにアルペジオを使い、「こえ」という単語が歌いながら意識できるよう、転調的なコード進行を用いました。 B のパートでは個々の発声に焦点を当てようと考えましたが、どんな声を発してもらったらいいのか思いつかなかったので、「どんな声？」とクライエントにそのまま訊ねることにしました。「どんな」を強調するため、メロディを高い音から始めることにしました。

どんな声？

鈴木祐仁（作）

A 全員で

こえ　こえ　こえ―　こえ　こえ―

B リーダー　　　　　　　　　メンバー（ソロ）

○○さん　どんな―こえかな

B は必要なだけ繰り返し、A か C に進む。

C リーダー　　　　　　　　　全員で

みんなのこえ―

声をつかって

『らら・ララ・LaLa』　　桜井三月（作）

◈曲の成り立ち
　この曲は、中学生・高校生（ダウン症、自閉症、ウイリアムズ症候群）のグループ・セッションのために作曲しました。ギターを使用して、１人ずつソロ活動ができるような時間を持ち、グループ・メンバーに注目される場面がほしいと思いつくりました。

◈人数　クライエント１名、セラピスト１名の１対１形式。グループの場合は小人数（5～6名以下）が好ましい

◈使用楽器　ギター

◈活動の目的
・グループ・セッションの中で、みずから考え選択し、主役になる体験を通して、自信をつけ、自分らしい表現をする。
・歌詞の中に名前が入ることで、グループの中の自分ということを意識してもらう。

◈活動の進めかた
・セラピストがギターを持ちコードを押さえ、向き合う形で、クライエントが歌いながらギターを演奏する。
・歌詞の「ららら（ららら）」は、どちらがセラピストでどちらがクライエントでもかまわないので、クライエントの言語力と理解力を見ながら応用する。表出言語のないクライエントでも、ギター演奏をタイミングよく鳴らすことで、応えることが可能。

◈留意点
・コードの形は、Ｅのみをスライドするだけで成立する。演奏する手もとへの気づかいよりも、クライエントを意識し観察することを重視できる。
・クライエントの弾きかたや反応はさまざまなので、楽譜通りのメロディや歌詞だけでなく、好きなキャラクター等を歌詞に組み込んで応用することもできる。

◈この音楽にたどりつくまで
　グループ・メンバーそれぞれの個性を伸ばしつつ、音楽的にも注目される体験をしてもらいたいと思い、ギターのソロ活動を入れました。はじめは、セラピストの持つギターを好きに弾いてもらうことから始めました。次第に、弾きかたに個性が出てきたころに歌詞（名前）を入れ、まわりのメンバーにも一緒に歌ってもらいました。このころからクライエントは、注目されることを意識し、自分の弾きかたという主張が出てきました。
　コール＆レスポンスの部分を入れた曲も使いたいと思ったことも、この曲をつくる動機となりました。表出言語のないクライエントも、ギターを弾くタイミングを合わせてレスポンスする場面もあります。
　Ｅのペダル・コードにした理由は、クライエントに演奏してもらうことを第一に考えたためです。ギターの６本の弦のどこを弾いてもコード構成音として違和感のないようにし、コード変化をしてもそれが可能な音を考え、Ｅを選択しました。

らら・ララ・LaLa

桜井三月（作）

♩=112

さあ一緒に　うたおうよ　らら　らら　らら

ららら　（ららら）　らら　ららら　ららら

ららら　ららら　ららら　ららら

○○さんが　ギターを弾こう　らら　らら　らら

……編者より……
　ギターは、工夫しがいのある楽器です。この曲のコード進行の内声には美しいオブリガートが含まれており、それを歌うことも楽しそうです。

身体をつかって

『はらのへったへびのはなし』　鈴木祐仁（作）

◈曲の成り立ち
　対象はダウン症女児と発達遅滞男児のペア。2人とも手の操作が苦手だったり、お互いに仲良くなりたそうだけれど、スキルの面からコミュニケーションが上手くとれないもどかしさも感じているようでした。そこで私は、符丁を共有する相手とのあいだに感じるような特別な仲間意識を2人が持てるような音楽を提供しようと考えました。

◈人数と使用楽器　特に制限なし

◈活動の目的　・他者との遊びの共有。
　　　　　　　・動作模倣による指、手、腕のコントロール。

◈留意点
・「おなかが空いたとき、どんな顔する？」と問いかけるなど、表現するためのガイドをさまざまにおこなう。
・クライエントから動作のアイデアが出た時にはそれを採用する。
・立っておこなうと全身の表現につながるかもしれない。

◈活動の進めかた
　「はらの」……両手でおなかをおさえる。
　「へった」……体を横にくにゃっと傾け、おなかが空いて困った表情をつくる。
　「へびの」……両手を合わせ、くねくね動かす。
　「はな」……両手を左右に開く。
　「し」……手拍子を1つ打つ。
　「たまご」……指で卵のかたちをつくる。
　「どこ？」……両手をへびに見立て、手首を旋回させて卵をさがすように動かす。
　「たまご」……指で卵のかたちをつくる。
　「どこ？」……1回目の「どこ？」と左右逆にして手を動かす。
　「あったかどうだか」（5〜6小節目）……手のひらを上下から合わせ、へびの頭に見立てて口をパクパクさせながら自分の胸元から相手の顔に向けて動かす（4拍ずつ×2）。
　「あったかどうだかあったかどうだか」……上記の動きを2拍×2で。
　「ひみつのはなし」……口の前に指を1本出し、静かに終わる。「し」は誰かを黙らせる時の「しー……」という音を出す。

◈この音楽にたどりつくまで
　「へび」は、女児の個人セッションで手の即興表現をおこなった時にセラピストが提示し、彼女が模倣を楽しんだ動作（5小節目）から。「どっこー？」というリズムは男児クライエントの言いかたを使いました。作曲にあたり、ピアノと音階を使ったメロディは、自分の動作や相手を感じることの邪魔になると考え、使用を止めました。歌詞や物語をつくるのは苦手なので、マザーグースの詩を参考に歌詞をつくりました。話のオチが「ひみつ」とうやむやになってしまったのもその影響のあらわれです。そしてこれは、秘密めい

た雰囲気を共有することや、「たまごあったかな？」と想像をふくらませて話し合うこと、セラピストのポケットに仕込んでおいた卵形のチャイムを「あった！」と提示し、演奏や音を聴く活動に結びつけるなど、独立した1曲として区切らない工夫でもあります。

はらのへったへびのはなし

鈴木祐仁（作）

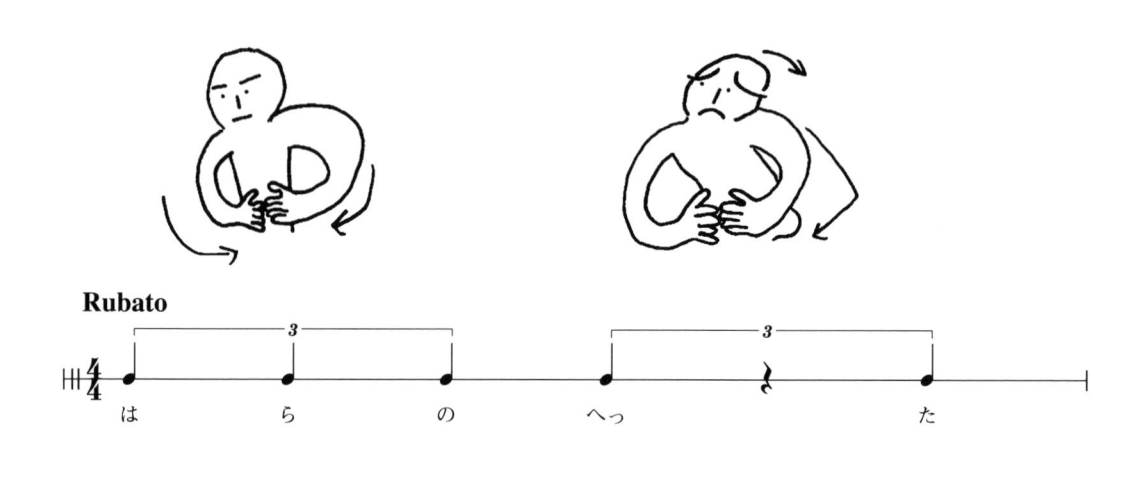

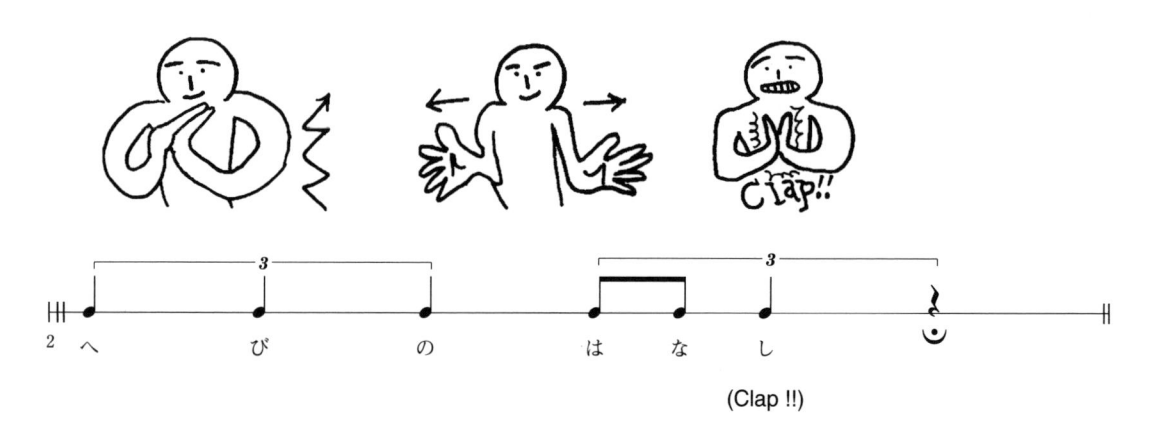

(Clap !!)

3 たまご どっ こー？

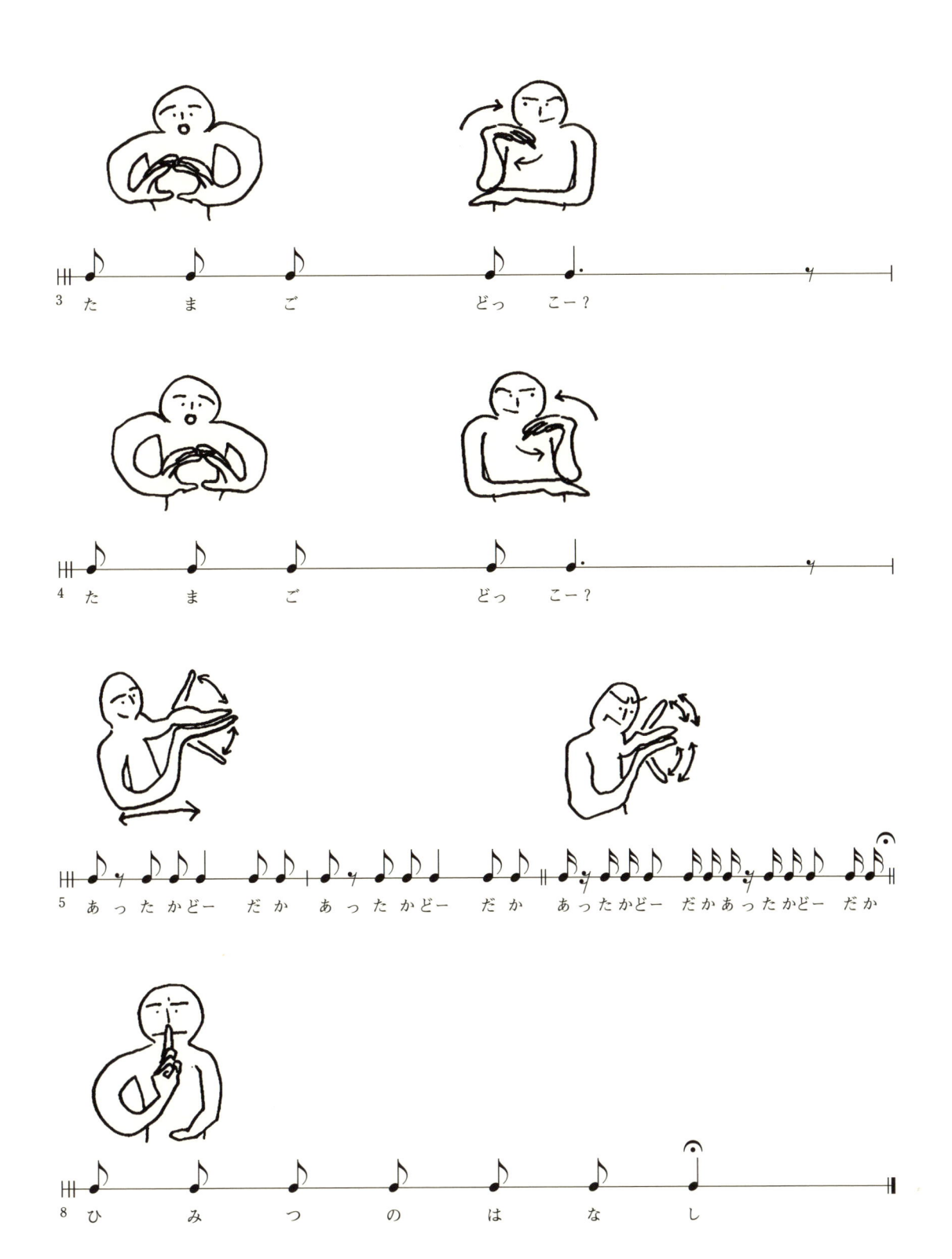

4 たまご どっ こー？

5 あったかどー だか あったかどー だか あったかどー だかあったかどー だか

8 ひ み つ の は な し

身体をつかって

『ゆらゆら◯◯ちゃん』　　松﨑聡子（作）

❀曲の成り立ち
　右半身にマヒのあるAちゃんとは、体幹を意識させることと、身体の左右の感覚を意識させることを目的に、「しこを踏むような動き」を中心にセッションを展開してきました。その動きがずいぶん安定してきたので、今度は「直線的な動き」から「曲線的な動き」へとシフトしていこうと考え、布（スパークハーフ）を使ってみました。
　また、セッション中にAちゃんは低音域でのふりしぼるような発声や、「あ」母音の短い音での要求表現が多かったので、そのほかの表現を引き出したいと思いました。高い音域の声やファルセットを使えるようになると表現の幅が広がると思い、布のふわっとした感じを視覚からとらえることで、Aちゃんが柔らかい声をイメージしやすくなるのではと考えました。
　この曲は、そんなアプローチを考えながら、Aちゃんと向かい合って布を持ち、少しずつ左右に揺らし始めた時に即興で生まれた曲です。メロディがシンプルなので、楽譜にとらわれず、自由に伴奏形を変化させて使っています。左手のコード進行を変化させると音楽に広がりが出るので、シンプルなものから大胆なものまで、柔軟にいろいろと試しています。

❀人数　2～4人

❀使用するもの　布（スパークハーフ）

❀活動の目的
・8分の6拍子を感じる。
・身体を横に揺らす。
・布を揺らすことでスムーズな体重移動を促し、音楽で動きのイメージをサポートする。
・布の動きや音楽から、クライエントが柔らかい声のイメージを持てるように働きかけ、声での表現の幅を広げる。
・活動を楽しむ。

❀活動の進めかたと留意点
・左手の伴奏は、流れるように弾く。
・曲の強弱をつけることで、布の揺れにダイナミクスをつける。
・クライエントの様子に応じて転調をしたりコード進行を変化させて、即興的にアプローチする。

❀応用法
　コード進行を次頁のように変化させると、音楽に広がりが出て、それが動きにも影響を与える。

| C | Am | F△7 | G |
| ゆーら ゆーら | ゆーら ゆーら | 〇 〇 | ちゃーん |

| C | A♭ | F#m7(5) | G |
| ゆーら ゆーら | ゆーら ゆーら | 〇 〇 | ちゃーん |

| C | Am | Em7 | A7 |
| ゆーら ゆーら | ゆー らー | ゆーら ゆーら | ゆー らー |

| Dm7 | G7 | C |
| ゆー らー | ゆー らー | らー |

……**編者より**……
　冒頭、1つの音を中心にして上下に揺れるフレーズと「ゆらゆら」動くイメージが似ています。他の動きにはどんな旋律がつけられるのか、いろいろと考えてみたくなりました。

身体をつかって

ゆらゆら○○ちゃん

松﨑聡子（作）

※部分からD-majorに転調する展開例

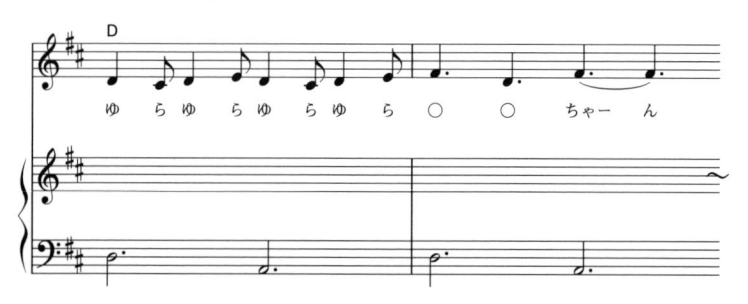

『タンブリンたたこう』　　岸加代子（作）

❖曲の成り立ち
　自閉症やダウン症のお子さんで構成された軽度の発達障害児グループのためにつくった曲です。彼らは障害ゆえにあまり身体を動かすことが得意ではなかったので、身体を動かし、かつ各部位の動きをコーディネートする経験が必要だと考えました。また子供たち同士のかかわりを通じて社会性を育む必要性もありました。そこで、子供たちがかかわりを持ちながら、身体を動かす活動を考えました。
　子供たちがお互い向き合っておこなう設定にしたので、緊張しないようにユーモアを含む曲調にして、リラックスできるようにしました。そして「足をつけておく」ことを意識するために、その部分はあえて旋律をつけず、語り口調とリズムのみにして強調しました。タンブリンを叩くところは、挑戦する気持ちを支えるように、上行形のワクワクするような音運びにして、曲のラストは達成感を持てるような工夫をしました。

❖人数　2人

❖使用する楽器など
・タンブリン
・足を置いておく足型の紙（左右1枚ずつ）

❖活動の目的
・粗大運動。
・身体動作のコーディネート。
・集中力の持続。
・対人関係の促進。

◈留意点
　足をつけておくことは指導的ではなく、楽しい雰囲気で進めること。たとえば「あっあっ、○ちゃんの足はなれそうだよお～」などと、声をかけながらおこなう。

◈活動の進めかた
　まずクライエントが足型の紙に足を乗せて立つ。もう1人のクライエント（導入時やメンバーによってはセラピストがおこなう）がタンバリンを持ち、向かい側に立つ。「足をしっかりつけててね」では足を指さししながら言うようにする。やる人だけでなく待っているメンバーも一緒に歌うと、待っているあいだも参加でき、また足を動かさないことへの意識づけもできる。
　後半部では、タンバリンを差し出す人がタンバリンを振りながら叩く位置まで動かす。叩いたら、次の位置へ振りながら移動させる。叩く人の左右、上下、後ろなど位置を工夫すると面白い。叩く人はこの間、足を動かしてはならない。最後に叩く位置を高いポジションにすると、達成感が味わえる。なお、足型の紙を工夫して置くことでいろいろな体勢を経験できる。

……**編者より**……
　念を押すために言葉の音程を動かさず伝えるということを、ふだんの会話の中でもしますね。周囲が思わず注目するのは、前後のフレーズとの動きのコントラストでしょうか、それとも伸ばした音のように聞こえるからでしょうか。

タンブリンたたこう

岸加代子（作）

さあ タンブリンた た こー う さあ タンブリンた た こう 「あしは ぴったり
歌ではなくしゃべり口調
足を指しながら

つけててね」さあ タンブリンた た こう

クライエントが打つ　　クライエント
セラピストが打たずに振る　　セラピスト

クライエント　　クライエント クライエント　　　　　　クライエント
セラピスト　　　セラピスト　ぐるぐる振り動かして
最後の位置で待って…

身体をつかって

『手をたたこう』　　岸加代子（作）

◈曲の成り立ち
　余暇的な音楽療法のニーズを求められ、月に1回、知的障害者の生活実習所でセッションをしていたとき、全員でおこなう模倣活動の曲としてつくりました。月に1回だけでしたので、利用者さんにとってインパクトがあっておぼえやすい曲がよいだろうと考えました。また曲に勢いをつけることで推進力を持たせて、積極的に模倣活動に参加するように工夫しました。
　そのため、メロディ・ラインの始まりは音の跳躍を伴う上行形にして、インパクトを持たせました。後半はちょこまかした音使いと歌詞にして、どんどん進むような印象を与えるように工夫しました。

◈人数と使用楽器　　特に制限なし

◈活動の目的　・対人意識。
　　　　　　　・模倣。
　　　　　　　・身体部位への意識づけ。

◈活動の進めかた
　リーダー席についたクライエントが動きを提案する。曲のあいだはその動きを歌詞にして歌い、全員が模倣する。終わったらリーダーを交替して、同じように続ける。

……**編者より**……
　後半4小節に見られる、メロディの付点リズムと伴奏の8分音符のリズムを合成すると……ここにも「推進力」を失わないための工夫を見つけることができます。

手をたたこう

岸加代子（作）

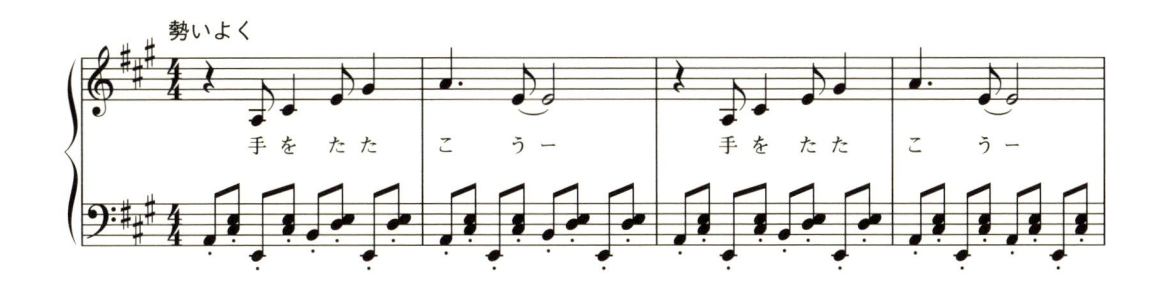

勢いよく

手を たた こう～　手を たた こう～
みんな でみんなで　手をたたこう　みんな でみんなで　手をたたこう

身体をつかって

『Clapper』　鈴木祐仁（作）

❖ 曲の成り立ち

　知的障害を持つ成人の3人グループの、20代の男性が対象です。彼は周囲の様子や他者からのかかわりに対して慎重であり、言葉は発しませんが「何もできない、わからない」とでも言いたそうな表情で、セラピストが何か提示すると、それに対し回避的な行動が多く見られました。彼には自分の手や指を使った1人遊びがあり、少しリラックスしている時にはスタッフに動作模倣のコミュニケーションをもちかけてきたり、無意識な鼻歌のような感じで、素早く2打の手拍子をすることがありました。私はこれを音楽的に生かし、音楽で彼とつながりが持てないかと考えました。

❖ 人数と使用楽器　　特に制限なし

❖ 活動の目的　　・自分の発する音に意識を向ける。
　　　　　　　　・他者が発している音楽と自分の音の関連に気づく。
　　　　　　　　・対象者の能動的な自己表現を促す。

❖ 留意点
　明るく、明快な雰囲気づくりを心がける。

❖ 活動の進めかた
・歌詞は特になく、「ラ」などでメロディを歌いながら進める。必要ならば「さぁ、皆で手拍子」など、適切な歌詞をつくること。
・単純に楽譜通り、指定された箇所で手拍子を止める（もしくは再開する）ゲームとして使うこともできる。41小節目の B から、「今度は上に」など、手の高さを変える指示を出すこともある。

❖ この音楽にたどりつくまで

　対象者の「何もできない、わからない」という主張は、彼の持つ慎重さなのでしょうが、私はもう1つ、さまざまなことを回避するためにそういうポーズを装っているのではないか？と推測をしました。ですから、作曲当時、私は音楽で彼から何か引き出そうと、知恵比べを挑むような気分でした。まず「疑いの余地がないくらい明るく、彼が安心感を持てる音楽」を考え、メキシコのマリアッチが演奏するような音楽をスタイルとして選び、ゼクエンツや先を予想しやすいシンプルなコード進行、なだらかな抑揚のメロディ、指示的歌詞を排した歌、明るさを感じさせるG-durを用いました。2拍の休符はセッションではフェルマータして長く無音をつくることもあります。これは対象者の手拍子の音をクローズアップすることになり、対象者が自身の出した音に気づき、耳を傾けることと、他者（セラピスト）の音楽に改めて意識を向けることの2つを意図しました。

Clapper

鈴木祐仁（作）

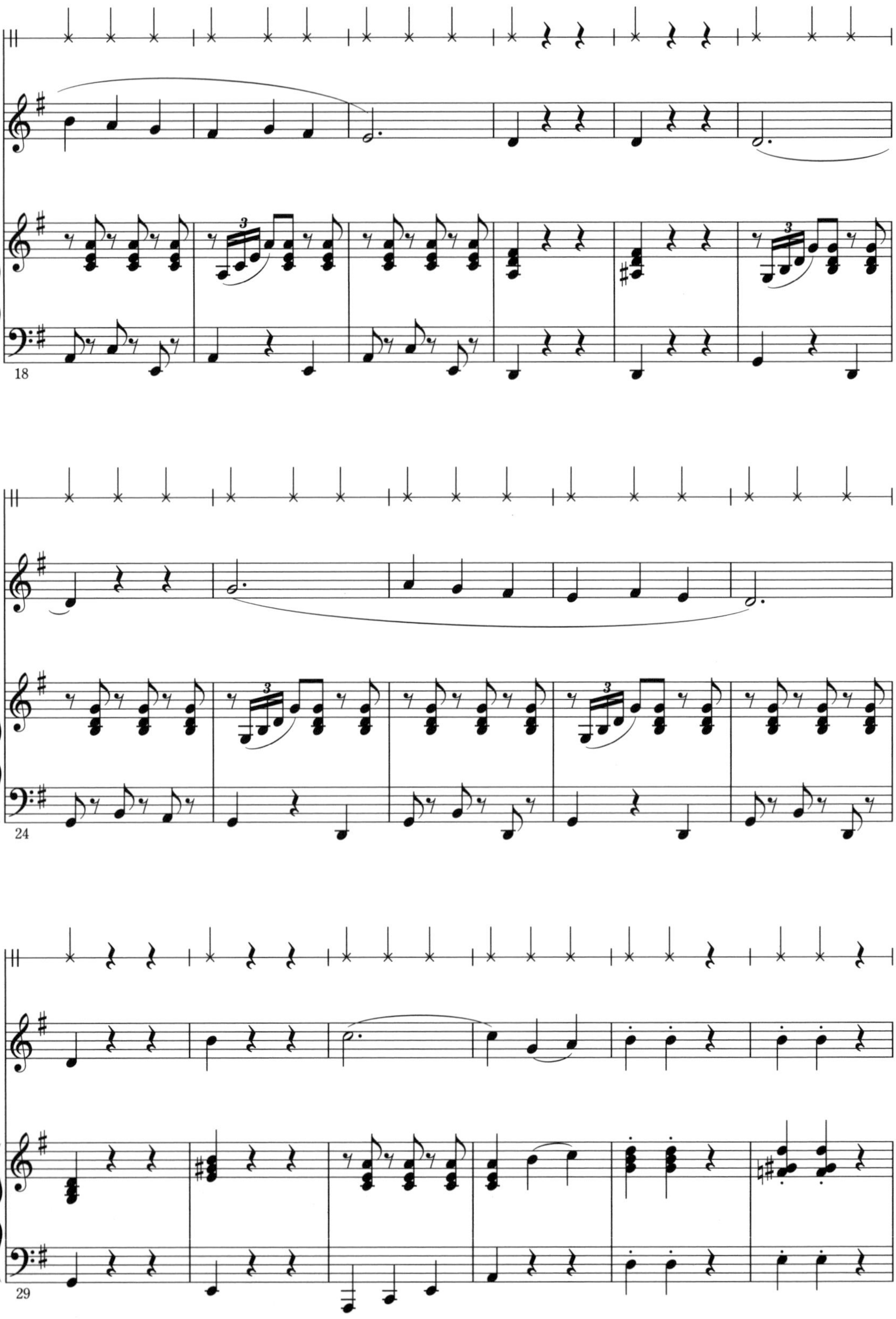
18
24
29

身体をつかって | 103

『手をならそう』　　飯島千佳（作）

◈曲の成り立ち
　成人の神経発達症（知的能力障害、自閉スペクトラム症など）の方の通所施設で、15名ほどのグループ・セッションのためにつくられた曲です。このセッションでは以前から、2～3人くらいの少人数でおこなう身体活動（握手など）を取り入れていたのですが、何か新しい身体活動はないだろうか、という提案があり、この曲の誕生のきっかけとなりました。

◈人数
　何人でも可能（相手の動きや表情に注目できるほうがよいので、基本的には2人1組が望ましい。セラピスト1人＋対象者1人でもよいし、対象者2人でも可能。大勢のグループ・セッションの場合は、何度かペアを交替しておこなう）

◈使用楽器　特になし

◈活動の目的　・音楽や相手の動きに合わせた運動調節。
　　　　　　　・対象者同士のコミュニケーションの促進。

◈活動の進めかた
　2人1組でおこなう活動なので、グループ・セッションの場合は、まず、前に出て活動をしてくれる人を募るところから始める。
　前に出てきたら対象者は向かい合って立ち、曲の所定のタイミングで互いの手のひらをハイタッチのように合わせて鳴らす。曲が進むにつれて鳴らす回数が1回、2回、3回と増えていき、最後に一緒に「決めのポーズ」をとって終わる。

◈留意点
　音楽に合わせた運動調節を目的としているが、まずは「誰かと一緒に活動することを楽しむ」を目標にして取り組むことが大切。
　基本的には立っておこなう活動だが、立つことができない対象者でも、その場で身体を動かして参加することができる。また、手を鳴らす部分を足踏みや握手にするなど、対象者に応じていろいろな応用が可能。手を合わせるタイミングまで待つことが難しい対象者には、セラピストが待てるように配慮をする。
　コミュニケーション促進の一環として、「やりたい」と立候補した対象者が、一緒に活動したい相手を誘いに行くことを取り入れる場合もある。また、自分から「やりたい」と表出することが難しい対象者に対しては、必要に応じて、セラピストや他の対象者が声かけをして活動に誘う。

◈この音楽にたどりつくまで
　成人の方を対象としているので、子供っぽくならず、なおかつ身体の動きを促せるように、弾んだ感じで、活動に向かいやすいような温かい雰囲気の曲にしたい、と考えました。「温かく大人っぽい雰囲気」にはフラット系の調が適しているのではないかと思い、E♭

調（変ホ長調）を選択しました。身体の運動を促す弾んだ感じは、伴奏の左手のリズムの刻みかた（ワルツのような動き）で表現しました。

　イントロの部分で活動に対する期待を高めたいと考え、不安定な和音からⅤ度の和音に進行し、歌に入る時にⅠ度の和音で解決するという流れをつくりました。イントロの出だしで「どんな曲なんだろう？」「ちょっと変わった感じがする」と対象者に関心を向けてもらえればと思っています。

　手を合わせる回数が1回、2回、3回と増えることを音楽でも印象づけられないかと考え、手を合わせるタイミングの直前の伴奏の拍数を、それぞれ1拍、2拍、3拍としました。実際のセッションでは、この部分を強調して弾いてみるといいかもしれません。

……**編者より**……
　イントロの和音の動きを曲中にも用いているのでしょうか。対象者の動作は4、6、8小節目で手を叩いて完了しますが、その時の和音は、「次はね……」と5、7、9小節目に進むことを予告しています。

手をならそう

飯島千佳（作）

手ーを な ら そう （手をたたく） ふ た り で な ら そう （手をたたく） こ ん ど は み っつ な ら そう（手をたたく） さ い ご は き め ポー ズ！ （決めポーズをとる）

『Small Jig』　　松尾香織（作）

❂曲の成り立ち
　肢体不自由で車椅子使用の成人グループのためにつくりました。彼らは、自発的な動きはとてもゆっくりだったり、小さかったり、滞ってしまったりしがちですが、アップテンポの音楽への反応から、内に秘められたベーシック・ビートやメンタル・テンポは実は速いのではないかと推察されることがよくあります。
　この曲はアイリッシュ・ステップダンスの「身体の動きを制限しながらも力強く大地を踏みしめ、表現する」というダンス・スタイルからインスピレーションを得てつくりました。フォークダンスのような楽しい雰囲気のなかで、他者の動きを利用して、内なるニーズを発散できるような活動にしようと考えました。

❂人数　　基本的に2人。それ以上でも可

❂使用楽器　　特になし（タンバリン等を入れてもよい）

❂活動の目的　　・他者と手をつなぐ。
　　　　　　　・自分の身体の動きを意識する。
　　　　　　　・他者の動きを意識し、コミュニケーションをする。
　　　　　　　・速いビートの音楽を体感する。

❂留意点
・ A の部分は、パートナーを指名し、挨拶をする場面なので、ていねいかつ優雅に。
・ B は華麗に（もしくは、激しく／軽快に／楽しく）。
・終止のPauseを楽しむ。
・クライエントの腕の可動域や、腕を動かすためのサポートのしかたなどを知っておくこと。
・車椅子で動く場合は、まわりの空間を確保すること。
・ B からのピアノは、右手最高音（c^3）を省略してもよい。

❂活動の進めかた
　1） A で、踊る人が、歌によって指名される。指名された人は前に出て、パートナーと挨拶し手をつないで準備する。
　2） B でダンスをする。
　ダンスは、手を上下に動かしたり、両手をつないで身体をひねる、など自由に。
　できれば、前進・後退をプラスする。その場合、場所が十分に確保できているか、確認をすること。また、必要なら車椅子の介助をお願いすること。

❂この音楽にたどりつくまで
　大人が気軽に楽しめるフォークダンスのような音楽がやりたいと思い、自然体でコミュニケーションしてその場の一体感を楽しめるダンスを……と考えているうちに、アイリッシュ・ステップダンスにたどりつきました。感情的でも、官能的でも情熱的でもない平和で牧歌的な雰囲気にするため、風が吹き抜けるような、いつまでもどこまでも続くような、開放感のあるミクソリディア旋法を用いてつくりました。

……**編者より**……
　対象者のメンタル・テンポに目を向け、ダンスの音楽をつくる……こうして言葉にすると、ありふれたことのように思えますが、実際にダンスの音楽をつくろうとすると、身体の動きに目を向けてしまうことが多いのではないでしょうか。少なくとも、私はそうです。

Small Jig

松尾香織（作）

※ 6〜15小節の右手最高音（C^3）は省略してもよい

『Stomp, Clap & Blow』　　茂庭雅恵（作）

❋**曲の成り立ち**

　知的障害者成人施設の10人ほどのグループで、楽器活動を多く取り入れていた時期につくりました。音でつながることの楽しさを共有していたグループだったのですが、その頃、他者の音に対して意識をあまり向けなくなっていました。そこで、グループ全体で活動を共有していることに気づけるような曲があってもいいのではと考え、つくった曲です。

　楽器を使った活動を多く取り入れていたこともあり、身体を中心に使った活動に設定することでちょっとした新鮮さを出す、リズミカルな部分とメロディックな部分の両方を入れることでメリハリをつける、といったことを意識しながらつくりました。

❋**人数**　10人程度

❋**使用楽器**　クワイヤーホーン（$f^1 \cdot e^1 \cdot c^1$）

❋**活動の目的**
　　・活動を通して一体感を感じる。
　　・メンバー同士で音を聴く体験。
　　・身体を意識的に動かす。

❋**留意点**
・2番かっこからクワイヤーホーンになるところは、わかりやすいように合図を出すとよい。
・クワイヤーホーンは音が重ならないようにする。最後はe^1音のみなので、f^1音のメンバーには前もって、鳴らさないように指示をしたり合図を出すと良い。
・コーダからの1小節ずつに手拍子（Clap）が入っているところは、わかりやすいモデリングを示すとよい。

❋**活動の進めかた**
・クワイヤーホーンを担当するメンバーを3人決めておく。
・リーダーを中心に足踏み（Stomp）、手拍子（Clap）を刻む。メンバーによっては、立ち上がってやってみても面白い。
・コーダに行く前に、数回繰り返して活動することもできる。

❋**この音楽にたどりつくまで**

　この曲を思いついたきっかけは、よく聴いていたアイリッシュ音楽の影響です。動きはアイリッシュ・ステップダンスからヒントを得ました。

　テーマはベースで拍を刻むことでリズムを感じ、途中部分は、ピアノのコードとリズムでメロディックな場面になるようにしました。クワイヤーホーンを使用しているのは、この曲に音色が合っているのと、この楽器を好んで鳴らすメンバーが多かったからです。

　この活動の核となっているのは、グループの一体感です。一緒に身体を使って音を出す。メンバーの音に耳を傾ける。こうしたことから、改めてグループとしてのつながりを感じられたら、という思いがありました。

Stomp, Clap & Blow

茂庭雅恵（作）

ラッパ

足踏み　手拍子

……**編者より**……
　足音がよく鳴る床を探し、部屋を選んで活動をしてみたら楽しそうです。ピアノのリズムは、行進曲の大太鼓と小太鼓を想起させ、ピアノに打楽器の役割を含ませたい時の参考になります。

奏でる
打楽器を中心に

『マツリバヤシ』　　小柳玲子（作）

❖曲の成り立ち
　セッション現場の楽器庫に立派な和太鼓（長胴太鼓）があり、子供たちに思いきりその気になって叩いてほしいと思っていました。和太鼓はどこかで見聞きしている子供が多いので、そのイメージや憧れを崩さないよう、楽器の魅力を存分に生かした活動をしたくてつくりました。

❖人数　2人（1人でも可）

❖使用楽器　和太鼓

❖活動の目的　・思いきり叩く。
　　　　　　・タイミングがそろうという感覚を味わう。

❖活動の進めかた
　和太鼓の両サイドに2人が立ち、前半部は自由に叩く。楽譜にあるように4分音符でなくてもかまわない。「そーれ」からは声のみでタイミングを合わせる。最初はセラピストでもいいが、できればどちらかの子供が声を出す。

❖留意点
　和太鼓を打つ姿勢は、中腰で案外キツイもの。また、手首の返しなど、ふだんの楽器操作とは違う動きなので、難しく感じることもある。それでも子供たちに「かっこいい！やってみたい！」と思わせるようなお手本を示すことも時には必要。また楽器の音そのものに迫力があるので、聴いている子供の様子も確認しながら進めたい。

❖この音楽にたどりつくまで
　日本の民謡音階（レファソラドレ）を使って、ピアノで探り弾きしてつくりました。おぼえやすくて勢いがあってそれらしい曲になるように。前半部は、等拍打ちではなく自由に叩いてほしかったので、1拍目の強拍だけを強調して、あとはあまりビートを前面に出さない節回しにしました。

　　　　　　……編者より……
　　　　　前半と後半で時間の流れかたの違いがあるように感じました。後半、セラピストと向かい合いつつ、自分の太鼓の音で空間を満たしていくのは、対象者にとってどんな経験になるのでしょうか。

マツリバヤシ

小柳玲子（作）

奏でる——打楽器を中心に

『とんとんとん』　　岸加代子（作）

❖曲の成り立ち
　中〜重度の発達障害児の個人セッションで作成した曲です。彼は情緒的に大変混乱した状況におり、人から言われたことを常に小さな声や大きな声で言い続けていて、止む暇がないほどでした。せめて音楽活動では、混乱のない整理された構成のものを体験してほしいと思ってこの曲をつくりました。
　いつも自分の声があふれた状態にいる彼ですので、静寂の中に身を置く体験がよいのではないかと考え、前半部は静かな、限られた音だけが鳴るものにしました。曲調も、日本の古い口承歌風にしてシンプルにしました。それに続く後半部では楽器を変え、ダイナミックな雰囲気にして、前半とは違う曲調を構成しました。同じフレーズが繰り返されるなか、伴奏を変化させることにより、終止に向かっていることがわかるように工夫しました。

❖人数　1人〜工夫によっては複数で

❖使用楽器　クラベス、シンバルなど

❖活動の目的
・前半・後半と、雰囲気の違う曲調で構成された曲を経験し、秩序形成を促す。
・音楽の静と動を体験する。
・模倣を通して共感体験をする。
・数の認知を促す。

❖留意点
　クライエントによるが、「とんとんとん」と連続するよりも、「とん、とん、とん」と音のあいだのサイレンス（沈黙、間）も感じながら提示すると、静寂を味わえる。

❖活動の進めかた
　セラピストとクライエントがクラベスを持ち、「とん、とん、とん」と3発ずつ歌いながら演奏する。前半部は歌とクラベスを主にして、伴奏は歌を支える程度に少しつけ、静かさを強調する。クレッシェンド部分の伴奏で音を引き延ばしているあいだにクラベスからバチに持ちかえる。シンバルは叩くところで差し出すか、その場に置いて演奏する。終止部分は、リタルダンドを用いると達成感を味わいやすい。

……編者より……
　4小節目のCが出るまで違う音階を想像していたので、驚きました。はじめからトーナリティ（調性）を限定せず、少ない音程を使って始めると、こんなふうに集中を促すことができるのですね。

とんとんとん

岸加代子（作）

『太鼓とシンバル』　　高橋友子（作）

◈曲の成り立ち
　皆の前で1人で演奏する活動としてつくりました。よくあるタイプの活動ですが、集中が切れるほど長くなく、達成感が得られないほど短くなく、という曲のサイズを意識しました。その他の要素（曲調、拍子、歌詞等）は対象者が演奏に集中できるようシンプルにしました。大きな打楽器は簡単ですが、力強く叩く人、ためる人、緊張する人、目立つ活動は張りきる人など、その人らしさやちょっとした心情まで表現される（というよりも出てしまう）ので、聴いているほうも思わず笑いが出たり、皆で応援するような雰囲気になったりと、無意識に場を共有できて面白いものです。シンバルの音はでたらめに叩くと騒音ですが、タイミングよく叩くとかなり大きな音でも気持ちよく響き、フィニッシュ感があるので、シメに使いました。

◈人数　3〜10人程度

◈使用楽器　太鼓（フロアタム等）、シンバル

◈活動の目的
・人前で演奏することで緊張を感じたり集中が高まるなかで、曲に合わせて太鼓を叩く。
・他者の演奏を聴く。

◈留意点
　皆の前に出てきた時点で気持ちの準備ができるよう、また適度な緊張感を保つよう、対象者の様子に合わせて適宜間(ま)を置く。曲の拍に合わせられない対象者には、シンバルのタイミングだけを合わせるように促す。人数が多い時は太鼓を2つ使用してシンバルを中央に置き、2人1組でおこなうなど、待ち時間が多くなりすぎないようにする。

◈活動の進めかた
　見る人と演奏する人に分かれ、よく見える位置に太鼓とシンバルを置き、呼名された対象者が1人ずつ曲に合わせて叩く。演奏が終わったら聴いていた人は拍手で応答する。

……編者より……
　低い音程の太鼓を用いるため、対象者にテンポを知らせるのはメロディとピアノの左手（ヘ音記号）の2、4拍目なのかもしれません。それはさておき、3、5小節目の1、2拍目の響きに「歓迎を受けている」という印象を持ちました。なぜでしょう？

太鼓とシンバル

高橋友子（作）

(そうれっ) ○ ○くんの たいこ たたこ たたこ ○ ○くんの たいこ たたこ たたこ た いこのつぎは シンバール

『ふたりの太鼓、1・2・3』　高橋友子（作）

❖曲の成り立ち
　子供の、楽器、ダンス、歌という分類をせず歌いながらノッてくると自然に踊りだす姿からヒントを得て、動きながら叩く曲をつくりました。さまざまな場面で長く使い続けているので、応用例とともにご紹介させていただきます。

❖人数　4〜15人程度

❖使用楽器　太鼓2つ（フロアタムや大太鼓など）、シンバル

❖活動の目的　2人1組でおこない、曲や叩くタイミング、相手の動きに合わせること。

❖留意点
　叩くところが曲頭ではないので、慣れるまでは、叩く前に掛け声を入れる等、援助する。具体的には「ふったりのたい、それっ　1・2・3！」という具合。楽器間の距離は目的や対象者に応じて適宜調整する。相手に合わせることを意識できるような声かけをする。

❖活動の進めかた
　見る人と演奏する人に分かれ、図のように打楽器3つを直線上に並べ、2人1組で移動しながら曲に合わせて叩いていく。

　応用例①
　バチをバトンに見立て、あらかじめ順番を決め、指示なしで伴奏を途切らせずにおこなう。参加者全体で1つの活動として。

　応用例②
　太鼓2つの代わりにボンゴを使用。ボンゴの2つの鼓面にそれぞれ「1」「2」、シンバルに「3」、とガムテープに書いて貼り、叩くタイミングに合わせて指導者が楽器を差し出す。1人ずつ、着席したままおこなう。楽器を順番に叩く課題として。

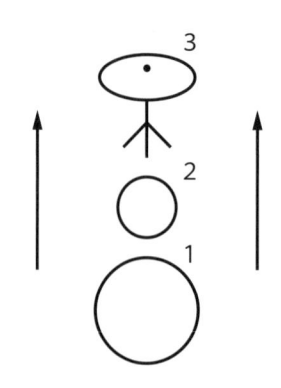

※この音楽にたどりつくまで

　どうしたら相手に合わせることを意識できるかと考え、視覚的要素（シンメトリーに動く）を取り入れました。曲調は、先生や対象者が照れずに歌えるように、また高いc^2音から始めることで音にマークの役割を持たせました。左手のはっきりとしたベース音が下からメロディを支えています。2人でおこなうことで、躊躇する子が「誰々となら」と気持ちを変えたことや、ふだんあまり接しない対象者同士を組ませるなど、意図的にペアを決めたことがありました。

　身体を動かす活動なので、メタボを気にする成人発達障害のグループで喜ばれたということもありました。

　応用例①は保育園で、応用例②は療育の場で使っています。

……**編者より**……
　「先生や対象者が照れずに歌えるように」という発想が素敵です。曲を構成する2つのメロディは、それぞれ広い音域が使われていますが、歌うのが難しいというよりはむしろ、「自分はメロディを歌っている」という実感をもたらすのではないでしょうか。

ふたりの太鼓、1・2・3

高橋友子（作）

『ぽかぽかマンボ』　茂庭雅恵（作）

❖曲の成り立ち
　肢体不自由児10名ほどの親子グループのために書きました。「待つ」ということが難しい子供が多かったので、全員での演奏のなかにスポットライトがあたる部分を入れて、期待しながら待てるような活動を考えました。以前子供たちがジャンベの音に興味を示したという保護者からの情報があり、ジャンベを取り入れてみました。

❖人数
特に制限なし（途中でソロを入れる場合、活動自体が長くなるので、人数に応じて曲の展開に工夫が必要）

❖使用楽器
小物打楽器（対象者）、ジャンベ（リーダー）

❖活動の目的
・グループで音楽を共有しているという雰囲気を感じる。
・期待感を持ち、鳴らす・待つということに気づく。

❖留意点
・この曲は、はっきりとした終わりがないため、グループに合わせて終わりを工夫する必要がある。
・ソロの時は、他のメンバーは音を止める。必要に応じて指示を出す。

❖活動の進めかた
・リーダーが子供1人1人に楽器を選んで渡したり、可能なら子供に選んでもらう。また、カスタネットと鈴、といったシンプルな楽器2種類を使用し、パート分けをしても良い。
・Aではリーダーがジャンベを叩いて音楽を支えているが、子供に提示して叩いてもらうこともできる。パート分けをしている時は、拍を提示しながらそれぞれのグループに交互に指示を出して鳴らすこともできる。
・Bの「つぎは○○ちゃん」のところでは、リーダーは子供や保護者に対して「自分が鳴らす番」ということがわかるように歌いかける。ソロを終えたら、まわりの人は、楽器や声などで賞賛する。
・名前のところを「皆で」等に変えることで、全員演奏に戻る。

❖応用法
　打楽器を使った集団即興を支えるテーマとして使用することも可能。歌とピアノのメロディ（右手）は臨時記号がつかず、白鍵だけで演奏できるので、集団のダイナミクスや雰囲気に対応した即興を展開するためのアイデアとして、伴奏に旋法的な発想を用いることができる。左手の伴奏に白鍵でつくることのできる旋法（Dドリア、Eフリジア、Fリディア、Aエオリア、Bロクリア等）を用い、簡単なオスティナートをつくって伴奏する。セッションで使用する前に、それぞれがどんな印象になるのかを確認しておくとよい。

※この音楽にたどりつくまで
　今となってはさまざまな場所で使っている『ぽかぽかマンボ』です。曲づくりの時は、ただひたすらピアノの前でじっとしていたのをおぼえています。ふと出てきたのが、このメロディでした。
　曲をつくるにあたり、ベースとなるイメージはありました。少し面白味のある雰囲気を持つこと、そのなかで単純さもあること。この曲にかかわる人たちがすぐになじめるよう、小難しいコードやメロディは入れないようにすること。そして、自分があまり使ったことのないラテン系音楽を試してみようと考えていました。ラテンといえば、マンボ。あまりに安易な選択ですが、決めてからふとメロディが浮かんだのでした。
　この曲はファとソ、それにソを中心とした3度上のシと3度下のミといった4音で構成されています。基本的にテーマとなっている2小節が繰り返され、後半4小節でようやくコードが変わります。対象者やグループの雰囲気によって変化させやすいと思い、シンプルな音形とコードを使用しました。ジャンベやピアノの左手は全体を支えるために音数を少なくし、シンプルなリズムにしていますが、コードとともに変化（オクターヴでメロディ）をつけて期待感を持つようにしました。
　つくりあげてからもこの曲に対しての発見もあり、まだまだ進化していけるのではないかと思っています。

……**編者より**……
　ハ長調ではなく、旋法を使っているのでしょうか。最初の一音に広々とした空間や、音楽が勢いよく流れ出す印象を受けました。

ぽかぽかマンボ

茂庭雅恵（作）

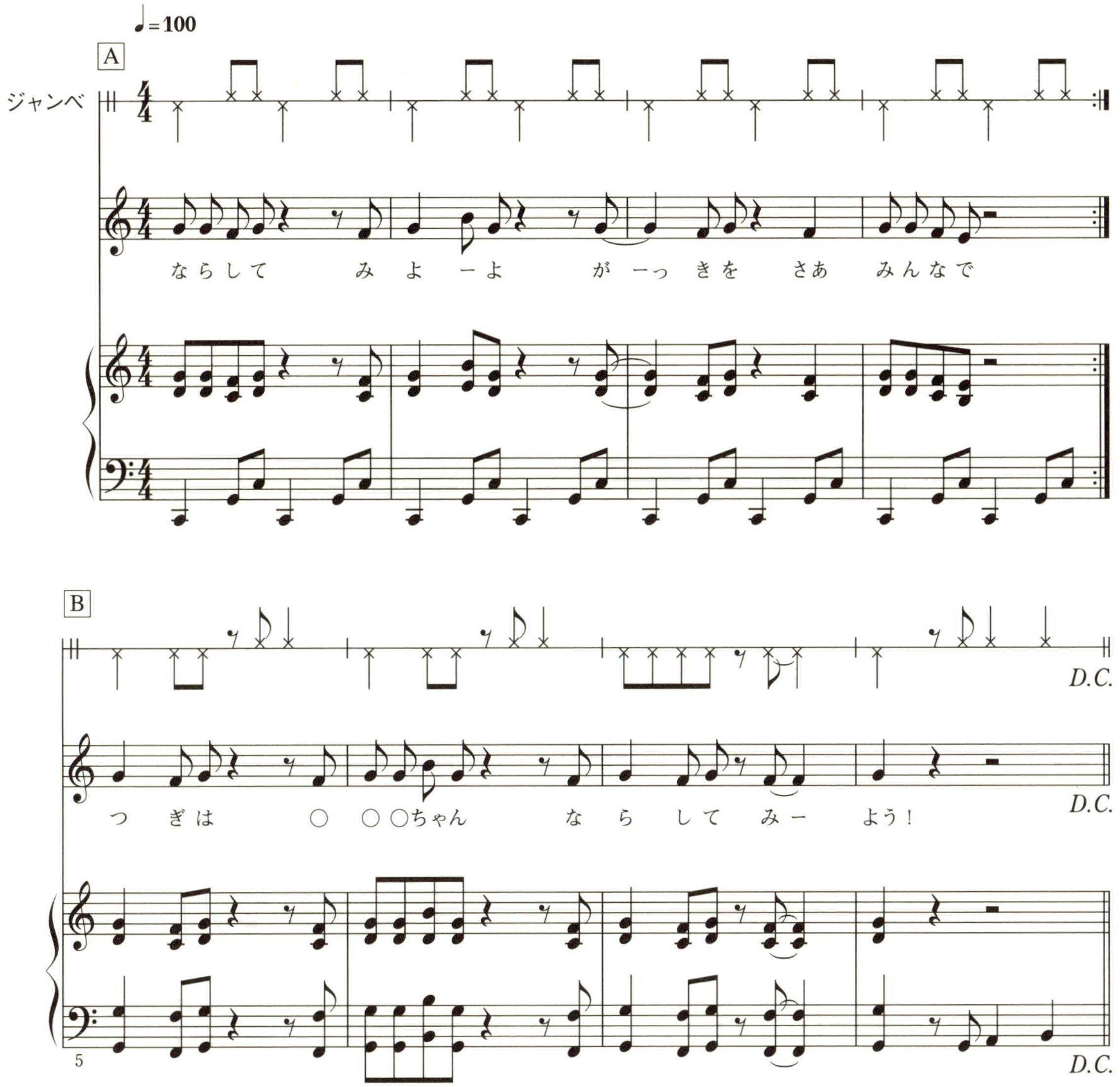

『大きく鳴らそう小さく叩こう』　　青木久美（作）

❀曲の成り立ち
　よく知られている『大きなたいこ』（作詞：小林純一、作曲：中田喜直）で、「ドーンドーン（♩♩）」「トントントン（♩♩♩♪）」という2種類のリズムを獲得した子供たちに、応用編として、同じリズムを用いた音楽を提供したいと考えました。既成曲を使用することにより、リズムの叩き分けは上手になりましたが、繰り返し出てくる強弱の変化に対応することは難しい様子でした。そこでこの曲では、大きく／小さくの部分を明確に分けることにしました。また、1人1人が差し出しに応じた表現をすることで、1つの音楽が完成するという実感をもってもらえるように、音楽の流れを大切にしています。
　それ以後、さまざまなセッションで用いていますが、もともとはあるグループ（小学校中〜高学年、中〜重度の障害をもつ4人グループ）のためにできた曲です。1人の自閉スペクトラム症の男の子は、メンバーと同じ輪の中で活動したがらず、いつも部屋の隅で参加しています。それでも立派に参加しているのですが、彼にも、他のメンバーにも「皆で音楽をつくっている」という実感をもってもらいたい、「お互いの存在を音楽の中で認め合ってほしい」と願い、この曲をつくりました。彼は部屋の隅にいるため差し出し役は大変ですが、自分の順番を予測し、音楽に合ったタイミングでリズム表現をしてくれます。バチを握りたくない、手で楽器を触りたくないという気持ちの日もあるようですが、そんな時には、歌で穴埋めしてくれます。

❀人数　特に制限なし（4〜8人程度が望ましい）

❀使用楽器
・大小のフレームドラム×2（大小があり、差し出しやすいタイコ類なら代用可）
・バチ×人数分

❀活動の目的
・2種類のリズムを理解し、それぞれの箇所で叩き分ける。
・強弱への意識を高め、運動をコントロールする。
・順番を予測し、自分の番で表現する。
・自分が音楽を構成しているメンバーの一員だという実感をもつ。

❀留意点
・活動に慣れるまで、あるいは子供のレベルに合わせて、モデリング役の大人のあとに差し出す。
・音楽と合った表現を促すため、差し出しのタイミングに配慮する。
・リズムや強弱の叩き分け、順番を予測して表現することが目的なので、規則的な順番でおこなうことが望ましい（子供のレベルによってはランダムな差し出しも可）。

❀活動の進めかた
　差し出し役は、A で大きなタイコを、B で小さなタイコを差し出す。
　活動中はなるべく音楽の流れを止めないように配慮する。2種類のリズムが理解できて

いない子供には、事前に練習する機会を提供するなど工夫をする。
　B の部分は、人数、必要に応じて繰り返す。

✣この音楽にたどりつくまで
　年齢が高くなった子供にも対応できるように、少し大人っぽい雰囲気に仕上げたつもりです。2種類のリズム表現を誘発するように、リズムとメロディ・ラインを工夫しました。
　「大きく」叩くことは比較的容易ですが、「小さく」叩くことはコントロールが必要で難しいため、あえて歌詞は「小さく叩こう」と示しています。

……編者より……
　ピアノの強弱・転調・使用音域をまとめて変え、音楽のコントラストで対象者に叩き分けのニュアンスを伝えています。20小節4拍目のコード、改めて音楽に息を吹き込むような印象を持ちました。

大きく鳴らそう小さく叩こう

青木久美（作）

奏でる——打楽器を中心に

『順番にたたこ！』　　小柳玲子（作）

❖曲の成り立ち
　1人1人の元気はあるのだけれど、それがなかなか同じ方向に向かっていかず、つい騒然となってしまうグループ。紙の束を机の上でとんとん落として端をそろえるように、皆のエネルギーの束をとんとんする「ちょっとした活動」を探していました。ゲーム感覚で夢中になれるよう、チャレンジ心をくすぐる展開にするのがポイントです。

❖人数　4～5人

❖使用楽器　ハンドドラムなどの打楽器とバチ（人数分）

❖活動の目的　集中と力のコントロール。

❖活動の進めかた
　リーダーがハンドドラムを差し出し、子供が1打ずつ叩いていく。あえて一定のテンポをキープして差し出し、空振りや叩き損ないもそのまま通り過ぎる。3～4段目は急にテンポを落とし、ゆっくり叩く。わざとランダムな順序で差し出す、差し出す位置を上下に振る、などによって、難易度を上げることもできる。

❖留意点
　1人ずつバチを持つので、子供同士の間隔を空けたほうが安全。空振りを笑えるような雰囲気づくりと、あまり失敗だけが積み重ならないような配慮が必要。ゆっくりした動きへの切り替えが難しければ、楽器を替えることで違う動きを導き出せることもある。たとえば余韻のある音積み木（G音）など。またテンポの変化を身体全体で大げさに示すなど、リーダーも気合を入れて、動きにメリハリをつけること。

❖この音楽にたどりつくまで
　「行くよ！」という緊張感と、先を急ぎたくなる感じを伝えるために、Ⅳ（下属和音）から始めました。Ⅰ（主和音）だと、どっしり落ち着いてしまうので。イントロは、ブンブルンとバイクが発車待ちのアイドリングをしているイメージで、全員の気分をあおります。

……編者より……
　1小節目を聞いて「ええっ!?　待って！」と追いかける気持ちになり、2小節目では伴奏のリズムに「ほら、ほら……」と後押ししてもらっているように感じます。

順番にたたこ！

小柳玲子（作）

奏でる——打楽器を中心に

『アゴギロブギ』　　原千晶（作）

◈曲の成り立ち
　小学校の特別支援学級でのグループ・セッションのためにつくられました。この曲を使う前は、同じ内容でハンドドラムを鳴らす活動をおこなっていました。他の活動で楽器の名前を言い当てたりおぼえたりする活動をおこなっていたので、ふだんあまり扱うことのない楽器の名前をおぼえてもらうことや、奏法の習得（特にギロをこする）を目的としてつくりました。

◈人数　十数人

◈使用楽器　アゴゴベル、ギロ、人数分のスティックやマレットなど

◈活動の目的　・音楽や提示に合わせてタイミングよく演奏する。
　　　　　　　・セラピストや音楽に注意し順番を待つ。
　　　　　　　・楽器の名前や奏法をおぼえる。

◈留意点
　音楽の持つ雰囲気を大切にし、目的が達成できるように援助する。

◈活動の進めかた
　対象児はそれぞれスティックやマレットを持ち、セラピストが楽器を持つ。セラピストが歌いながら対象児に順番に楽器を提示し、タイミングに合わせて鳴らしてもらう。
　曲の前半部ではアゴゴを、後半部ではギロを提示する。
　応用として、1人の対象児に楽器を提示する役をおこなってもらい、達成感や効力感を味わってもらうなどもできる。

◈この音楽にたどりつくまで
　小学校1年から6年までの学級でした。他の活動で楽器の音を聴いて名前を当てる活動をおこなっていて、高学年の子供たちはほとんどの楽器の名前はおぼえられていたので、ふだんはあまり見たり触ったりすることの少ない楽器に触れてほしいと思っていました。とても活気があってノリのいいクラスで、ブギウギの弾んだリズムが、対象児たちの様子にとても合いそうだと思い、ブギウギでつくってみました。すぐに歌をおぼえて歌うことができる子も多かったため、とにかくたくさん楽器の名前を歌詞に入れ、楽器は名前に濁点がついていて響きの面白いものを選びました。

　　　　　　　　　……編者より……
　　　　　　　　半音の上行形が多用されているからでしょうか、くすぐられるようなユーモアを感じます。また、16～17小節の半音の下行では意表をつかれました。16小節4拍目は分かれ道の分岐点に立つような音の使いかたです。

アゴギロブギ

原千晶（作）

134

『Acanthus』　鈴木祐仁（作）

❖曲の成り立ち
　それぞれ個人セッション経験の長い、ダウン症の男子2名、自閉症の女子1名、脳性マヒの男子1名が集まった、学童4人グループが対象です。1人の太鼓の音でピアノがかき消されるくらい、それぞれ大きな音を出す対象者たちでした。ニヤニヤしながら思いっきり太鼓やシンバルを鳴らすのを見ていると、彼らが大きな音を出せる機会は日常少ないかもしれないと思い、音量の抑制を重んじるより、それぞれの音量がそのまま生かされるような音楽があったらいいのではないかと考えました。合奏で、1人でおこなうよりダイナミックな音楽を経験すると、解放感が味わえたり、音楽から自分への肯定感を感じたり、また、お互いに肯定しあうこともできるかもしれないと考えました。

❖人数　6人

❖使用楽器
　　・サスペンド・シンバル
　　・音程の違う太鼓×3

❖活動の目的
・自分1人で経験するよりさらに大きなダイナミクスの経験。
・自分の音、お互いの音に耳を傾け、肯定しあう。
・出したい音量をそのまま出す。
・タイミングのコントロール。自分の演奏の、音楽への影響の大きさに気づく。
・サインへの注目。

❖留意点
・必要に応じて、練習をおこなう。たとえば、楽器を1打で止めることが難しいメンバーのいる場合、サインへの対応に慣れていないメンバーのいる場合、連携プレイに慣れていないメンバーのいる場合など。
・テンポはB.P.M.≒72だが、ピアノが連続して動く箇所と最後の3小節以外は、それぞれのパートが音を出すことで生まれるテンポに乗って演奏するとよいだろう。必要に応じて、イン・テンポの演奏を目標にすることもよい。
・もし対象者が扱えそうなサイズの合わせシンバルがあれば、使用してみるとよい。また、音程の適切なドラがあれば、シンバルの代わりに使用してみるのもいいだろう。

❖活動の進めかた
・セラピストが指揮者になり、各メンバーに鳴らす順番をアイコンタクトや手振りで指示する。
・8〜10、12〜14小節の箇所で、ピアノがいくつかのリズムを即興的に提示し、対象者が模倣する展開を作ることもできる。
・応用例として、セラピストがシンバルとハンドドラムを持ち、対象者に提示しながら進めることもできる。

※この音楽にたどりつくまで

　彼らから、反応を期待してなのか他者に向かってあえて大きな音を出す意図も感じられたので、それを受けとるために、ラスト3小節以外は各タイミングで音を発するのを1人ずつにしました。また、そうすることで、各自の音を発するタイミングがテンポをつくり、曲の進行に強い影響力を持つようにしました。

　ピアノには、グループのパワフルさを表すような強い響きを2つ使いました。1つはオクターヴのユニゾン、もう1つは不協和音です。いくつか不協和音を鳴らしてみると、それぞれの響きの力強さが異なり、組み合わせによっては、それまでの勢いをそいでしまうことがあると気づきました。パワフルさがキープできるような不協和音の連携をひたすらピアノで探りながら選んでいきました。

Acanthus

鈴木祐仁（作）

奏でる──打楽器を中心に

奏でる
ピッチ楽器を中心に

『ピンポン』　　岸加代子（作）

❖曲の成り立ち
　余暇的な音楽療法のニーズを求められ、月に1回、知的障害者の生活実習所で、一度に20人の利用者さんを対象に、音楽療法士は私だけというセッションをしていた時につくった曲です。全員で楽しむプログラムの合間に、毎回幾人かずつ、1人で楽器を演奏する活動をすることになりました。そこで、短く、印象的で、すぐにおぼえられ、セラピストが直接かかわれるように、伴奏の必要がない活動を考えました。
　印象的ですぐにおぼえられるという点で、日常生活の中にある音がよいだろうと考え、ドアチャイムの音を使うことにしました。曲の構成は同じフレーズを多く用いてシンプルにしました。利用者さんにとっては、差し出された楽器を叩くだけの簡単な活動にして、成功体験を重ねられるように配慮しました。
　この活動はその後、クライエントがおぼえやすいという理由から、中〜重度の小グループや個人セッションでもよく用いました。

❖人数　1人

❖使用楽器　音積み木（a^1・f^1）

❖活動の目的
・セラピストとのコミュニケーションを図る。
・手のコントロールを促す。

❖留意点
・楽器を差し出す際は、少し早めにクライエントの前に出して、バチを音積み木に当てやすいよう配慮する。

❖活動の進めかた
　セラピストとクライエントが対面に座る。「ピンポン」と歌ったあと音積み木のa^1（ラ）を差し出し、クライエントが叩いたらf^1（ファ）を差し出す。このように、楽器を鳴らす部分で差し出していく。最後は「ピンポーン」と歌と同時に音積み木を鳴らして終わるようにすると、終結の雰囲気ができ、達成感も味わえる。
　クライエントによっては、1つずつ差し出さないで目の前に2つ置いておき、ハンドサインで鳴らすところを示したり、バチ操作のないベルハーモニーを用いるなどの工夫をするとよい。

ピンポン

岸加代子（作）

音積み木／歌

ピン ポン　ピン ポン　○ さんが ならす よ
ピン ポン　ピン ポン　○ さんが ならす よ ピン ポン

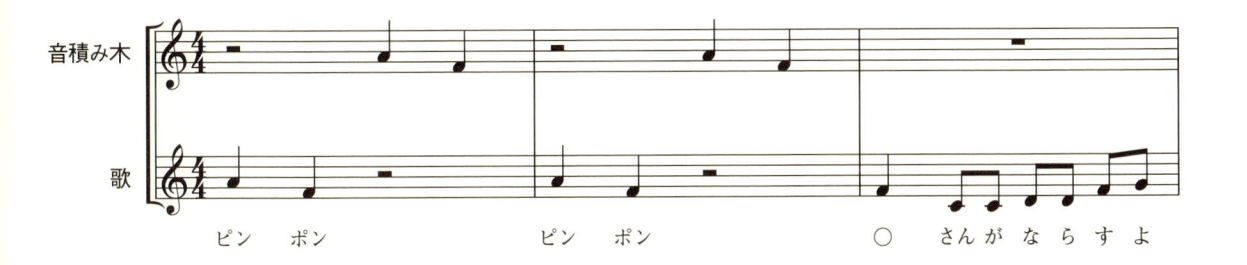

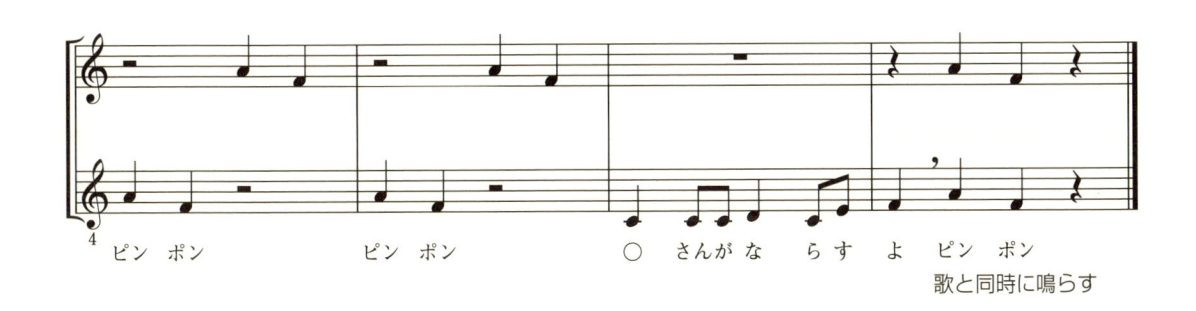

歌と同時に鳴らす

……編者より……
　この2音のフレーズ、テレビのクイズ番組で「わかった！」と名乗るとき、そして「正解！」の効果音にも使われています。自分の存在を知らせたり、他者から肯定されているという意味も見いだせる、身近なフレーズのやりとりです。

『アラビアの鐘』　岸加代子（作）

❈曲の成り立ち
　ある軽度発達障害児グループの自閉傾向の子供のためにつくった曲です。彼はユーモアをもった子供でしたが、障害ゆえに他者とコミュニケーションをはかることが少ないお子さんでした。そこで愉快な活動で、かつ、その愉快さに人が介入する曲を考えました。
　彼はちょうど学校の学芸会の出し物で、スペインの国の踊りや歌を経験していたので、ユーモアたっぷりの民族音楽風な旋律をつくり「アラビア」としました。楽器の音はユーモアを感じるように、あえて「ずっこけた」感じのする音使いにしました。そして楽器の種類は、すぐに反応できて、手で叩くだけのベルハーモニーを使うことにしました。

❈人数　1人（複数で一緒におこなうことも可能）

❈使用楽器　ベルハーモニー（$f^2 \cdot b^2$）

❈活動の目的　他者（ピアノ担当）とのコミュニケーション。

❈留意点　クライエントとの駆け引きを楽しみ、その面白さを共感するようにかかわって進める。

❈活動の進めかた
・ピアノ担当とクライエントが、お互いに視界に入る位置につく。フレーズの合間の休符で、ベルハーモニーを両手で1回鳴らす。
・基本的に、曲の速度はかなり速めに演奏する。クライエントが鳴らしたあとに次のフレーズに移る時の間は、クライエントとのノンヴァーバルなコミュニケーションを通して、ピアノ担当者が、「普通の間」、「すぐに次に移る」、「間をあける」など、間隔を操作して面白さをつくる。
・慣れてきたら、曲自体の速度を変化させると、より面白くなる。

……編者より……
　このベルの音程は、音楽を先に進ませる促しにも聞こえるし、和声法の音楽になじんだ耳で聴くと、すっきり終わった気がしないようにも聞こえます。対象者が「終わりたくない！」という意思表示に使ったら……と、楽しく想像しました。

アラビアの鐘

岸加代子（作）

『ベルnote』　　小柳玲子（作）

❇︎曲の成り立ち
　いつも正解が気になって、大人への確認行為が絶えないZちゃんのために、とにかく「あなたが出す音で始まる曲」をつくりたいと思いました。先が見えない第一歩を踏み出すのは勇気がいるけれど、出した音をしっかりふんわり受けとめてもらえた経験は、自信につながるのではないかと思います。

❇︎人数　　基本的には1人

❇︎使用楽器　　卓上型ベル（ベルハーモニー）または音積み木などのピッチ楽器

❇︎活動の目的　・やりとりを楽しむ。
　　　　　　　・音楽をリードする経験。

❇︎活動の進めかた
　「順番に鳴らしてね」などの言葉かけ、指さし、サンプル提示など、子供に応じてきっかけをつくる。ベルの音にそって、応答部分の音量・テンポ・リズムなどを適宜変化させて音楽を続けていく。4段目は指でさしたり、ベルの色を示す「みどり」などといった歌詞で歌いかけてもよい。

❇︎留意点
　必ずしも「ミ・ファ・ソ」の順でなくても、3音でなくてもいい。ただし鳴らし続けてしまう場合には、ベルをトレイにのせておいて差し出すなど、環境設定に工夫が必要。ベルの部分のピアノの伴奏はなくてもいいし、歌詞もなくてもいい。

❇︎この音楽にたどりつくまで
　「ド・レ・ミ」ではなく「ミ・ファ・ソ」にしたのは、ありがちな展開にしたくないという思いからですが、全体的に浮遊感のあるオープンなサウンドになりました。余韻の短い卓上ベルの音色に合わせて、こじんまりした伴奏を心がけました。

……編者より……
　前半8小節間、対象者の3つ目の音の直後、セラピストがアウフタクトで受け答えているのは「音楽、まだまだ続くよー」というメッセージでしょうか。対象者とともにセラピストも「先が見えない第一歩を踏み出」した。そんなふうに見受けられます。

ベルnote

小柳玲子（作）

『about Echo』　　鈴木祐仁（作）

❖曲の成り立ち
　対象は、知的障害者成人のグループです。日曜日の午前中にセッションをおこなっていますが、使っている部屋が冬でも冷房を使用するくらいの陽当たりの良さで、グループ全員で音楽をしているとちょっと気を抜いた瞬間に眠気に襲われ、ぼーっとしてしまい、混在する音のなかから必要な情報を選びとる集中力の維持が難しいことがよくあったので、シンプルで短く、皆が演奏や聴くことに無理なく集中でき、対象者自身が重要なパートを担っていることを実感できる、そういう音楽を考えました。

❖人数　2人

❖使用楽器　・メタロフォンなどの音板打楽器
　　　　　　・サスペンド・シンバル

❖活動の目的　・大きな楽器を1人で扱い、コントロールしている実感や満足感を得る。
　　　　　　　・フレーズの演奏に取り組む。
　　　　　　　・他者の演奏に耳を傾ける。

❖留意点
・1音で音を止めるのが難しく、連打になりがちな対象者には「1、2、3」と歌詞をつけて歌いかけ、理解を促す。
・セラピストの呼びかけを強めるため、メロディを対象者に歌いかけて進めることもある。

❖活動の進めかた
・曲の紹介を兼ねて、演奏のモデリングをし、完成形のイメージが持てるよう促す。
・導入直後の時点では楽譜通りの演奏を目標とするが、各対象者の技量に即してさまざまな即興演奏に展開する場合もある。
・トーンチャイムやリードホーンなどで$a^1・g^1・e^1$を1人1音担当することも可能。その際、リーダー役を対象者が担当してもよい。

❖この音楽にたどりつくまで
　演奏者にも、聴いて待っているメンバーにとっても音楽の全体を捉えやすい構造を心がけ、互いのフレーズの同時進行を避けました。メタロフォンの音が際立つよう、ピアノは3小節目まで低音は2音で支え、4小節目で新しい展開に気づいてもらうために3音の和音を使い、音数の調整をしました。最初の3小節、ピアノのフレーズに　♩♪♩　のリズムを入れたのは、長く伸ばす音符で旋律への注目を促したかったのと、対象者がそのリズムを聴きとって、自分の演奏に取り入れることを期待したからです。5小節目、平行5度でスペイン音楽のような力強さを出し、「今までより長く待って」というメッセージに使ったり、シンバルを鳴らして得る終止感を強調しようと試みました。短調系のキーを選んだのは直感ですが、おそらく、私が短調の響きに冷静さや、注目する・覗き込むというような内省的なイメージを持っているからです。

about Echo

鈴木祐仁（作）

『Tones』　　松尾香織（作）

❀曲の成り立ち
　成人のグループに所属する、車椅子で視覚に障害を持った男性とのやりとりからこの曲が生まれました。トーンチャイムを各自１～２本持ち、フリーで演奏する場面で、他のメンバーが十分に演奏して終わりに向かって音が減っていくなか、名残を惜しむように彼の音が響きました。その音にピアノを添えてみたところ、彼は自分に音が投げかけられたことに気づいて音を返してくれました。やりとりが成立したあと、すでに手を止めていた他のメンバーがＣの音で加わり、一緒に変化・減衰していく音に耳を傾ける時間になりました。

❀人数　２～４人（トーンチャイムを１人２本担当なら２人、１人１本ならば４人）

❀使用楽器　　トーンチャイム（a♭・a♭^{1}・c^1・c^2）

❀活動の目的　・１拍目にトーンチャイムを鳴らす。
　　　　　　　・他者と息を合わせる。
　　　　　　　・音の変化を聴く。
　　　　　　　・トーンチャイムとピアノの重なりを聴く。

❀留意点
・クライアントの（またはクライアント同士の）タイミングに合わせてテンポを決める。
・多少ルバートしても OK。

❀活動の進めかた
　トーンチャイムの分担は、クライアントの力量や人数によって、①～③の方法が可能。
　　　　　プラン①：２人で交互に演奏──［a♭・a♭^{1}］と［c^1・c^2］
　　　　　プラン②：４人で演奏──［a♭］［a♭^{1}］［c^1］［c^2］
　　　　　プラン③：２人が左右の手を使い分けて演奏──［a♭・c^1］と［a♭^{1}・c^2］
　１）トーンチャイムを鳴らす練習をする（プランに合わせて、２本同時に鳴らす／２人同時に鳴らす練習）。
　２）指揮者を置き、視覚的なサインでタイミングを合わせながら演奏する。
　３）指揮者がピアノを聴くよう促し、サインを減らしていく。
　４）指揮者なしでトーンチャイムとピアノだけで演奏する。

❀この音楽にたどりつくまで
　この曲はクライアントの発するシンプルな a♭の音を３拍子の強拍と考え、彼の音をふわりと受けとって「いいよ」と応えるように音を添えました。前半部は、見えない世界のなかを手探りをするイメージで、マイナー・コードにマイナー・セブンス、フラット・セブンス等を使い、後半部は、目的を見出してじんわりと喜びを感じ、そばにいる他者の存在に気づいて温かい気持ちになるイメージでメジャー・コードを多く使い、メジャー・セブンスの煌きをプラスしてみました。

Tones

松尾香織（作）

……編者より……
　対象者の音から音楽が始まっているんですね。寄り添い、転調的な進行でお互いに模索しながらたどりついた最後の和音には、「私たちがよく知っている和音だ」という理由以上の安心を感じます。

『Bells for Two』　　鈴木祐仁（作）

❈曲の成り立ち
　ダウン症女児の個人セッションを同僚から引き継いだとき、対象者は抱えている自信のなさから、安心のよりどころを、付き合いの長いコ・セラピストに求めていました。物理的にも精神的にも密着したくてコ・セラピストと隙間なく椅子を並べ、まだ信頼関係の薄いセラピスト（私）を、コ・セラピストの陰からうかがっているように見えました。まずは対象者がコ・セラピストと少し離れた距離で行動する経験を積み、個人として振る舞えるようになることを目的に、この曲を用意しました。

❈人数　3人

❈使用楽器
　・音積み木①　$g^2 \cdot f^2 \cdot b\flat^2$（対象者）
　・音積み木②　$d\flat^1 \cdot f^1 \cdot b\flat^1$（コ・セラピスト）
　・サスペンド・シンバル（対象者とコ・セラピスト）

❈活動の目的
・対象者が物理的に求めている「他者とつながっている実感」を音楽経験から得る。
・自立的行動をねらった、役割の遂行と協同作業。

❈留意点
・この曲のメロディは、対象者とコ・セラピストの呼び名の抑揚から生まれているので、他のセッションで利用する場合には、演奏者の名前に合わせてメロディをつくりなおすとよい。
・対象者に余裕が見えたら、E♭ミクソリディアを使って即興的に展開することができる。

❈活動の進めかた
・対象者とコ・セラピストがあいだにシンバルを挟んで向かい合うよう席を配置する。
・セラピストはメロディ（音積み木の2つのパート）にそれぞれ鳴らす人の名前をのせて歌いかける。

❈この音楽にたどりつくまで
　曲をつくるためにイメージした3人の関係性は、「セラピストの音楽は環境、おだやかな湖のようなもの。対象者とコ・セラピストはそれぞれのボートを湖面に浮かべ向かい合い、音で交信する」というものでした。対象者にとってこのことが「特別な音楽／時間」に感じられるように、教会旋法を1つだけ使用して響きを限定し、ピアノの動きを少なく、場の雰囲気が穏やかにキープされることを目指しました。私はミクソリディア旋法には独特の推進力があると常々感じており、穏やかでありながら進み続ける（2人が離れた場所から交信しあう）雰囲気を表すのにふさわしいだろうと用いました。2人への呼びかけ（演奏の指示）のフレーズは、質問や、促す時の言葉かけと同じように、語尾上げの抑揚を使いました。

Bells for Two

鈴木祐仁（作）

『Small Waltz』　　松尾香織（作）

❖曲の成り立ち
　自閉症の成人男性のためにつくりました。彼は休符や長い音を省略してしまうことが多かったので、8分の6拍子を大きく2つにとる横揺れの動きに合わせて、それらを意識してもらえるような音楽にしました。また、相手の音を聴き、意識し、協力して1つの音楽をつくる体験ができるようにしました。

❖人数　1～2人

❖使用楽器　音積み木（ダイアトニック1セット）

❖活動の目的　・フレーズをおぼえる（順次進行ではない動きをおぼえ、演奏する）。
　　　　　　・長い音符を意識する。
　　　　　　・相手の音を聴く・待つ。
　　　　　　・8分の6拍子を体験する。
　　　　　　・リタルダントをする。

❖活動の進めかた
　1）最初にセラピストがモデリングするか、1人ずつフレーズの練習をする。
　2）リーダーが音積み木を指すなどして演奏し、おぼえたら徐々にサインを減らし、なくす。
　3）8分の6拍子で横揺れを感じながら演奏する。
　4）メロディの掛けあいを意識し、他者とやりとりする。

❖留意点
・フレーズと音の長さをおぼえる手がかりとして、楽譜やチャート（簡易楽譜）等の視覚的資料を提示したり、音積み木に刻印されている音名を歌唱してみるなど、クライエントに合わせたサポートを考える。
・クライエントが音積み木に刻印されているアルファベットの音名になじみがない場合、カタカナ音名をテープに書いて貼るなど工夫する。
・メロディの掛けあいを意識するために、動作を工夫をしてもよい（例：自分の演奏後、相手に「どうぞ」という身振りをするなど）。

❖この音楽にたどりつくまで
　このクライエントは、音楽が面白かったり達成感を感じた時に大きな声で笑い、セラピストが一緒に笑っているのを確認してさらに笑って、「感情の共有」ができる瞬間がありました。「音楽のなかで他者といろいろな質の交流をしてほしい。音楽のなかで他者との親密さを味わえないだろうか？」と考えているうちに、ワルツが思い浮かびました。
　ワルツについて作曲者が持っている印象は、優雅で洗練された音楽のなかで至近距離に相手を感じてコミュニケーションでき、さらに「こんなふうに音楽を楽しむ私（もしくは私たち）って素敵」という気持ち（自尊感情）も満たされる音楽、というものです。しかし、

年頃の自閉症男性と実際に身体を密着させてワルツを踊るのはいろいろな意味で難しいため、音積み木でステップを踏みながら架空のワルツを踊るというイメージの合奏にしました。フラット系のテンション・コードで、空想しているようなソフトな感じを表現してみました。

Small Waltz

松尾香織（作）

……編者より……
　問いかければ必ず答えてくれる相手がいる……そんなイメージが湧きました。これは対象者のパートが掛けあいの構造になっているからというより、ピアノのコードが演出しているのでしょう。

『ふたりの音』　　小川裕子（作）

❖曲の成り立ち
　小学校低学年の2人のグループ・セッションで、「お互いの音を聴き合う」「ハーモニーの響きを感じる」アンサンブルの体験を目的につくった曲です。
　「かわいい」音楽から、「かっこいい」そして「ムード」のある音楽に興味を持ち、身をゆだねて楽しむようになってきた2人に、流れるような雰囲気の音楽をつくりました。
　同時に鳴らすハーモニーの体験から、メロディ奏へと発展できるように、短く、構成がわかりやすいようにつくってあります。

❖人数　2人組（複数でも可能）

❖使用楽器　トーンチャイム（2人で演奏する場合は①c^1・g^1、②e^1・a^1、4人で演奏する場合はc^1・e^1・g^1・a^1のメロディ奏）

❖活動の目的
・重なるハーモニーの響きを感じる。
・メロディ奏へ発展することもできる。単音、分担奏の体験をする。
・余韻の長い楽器（トーンチャイム）を聴くことで、集中の持続、呼吸の安定をねらう。

❖留意点
・参加者の状況に合わせて、楽器の提示のしかたやパートの分担を配慮する。
・ピアノの和声が密集しているので、トーンチャイムの響きをより引き立たせたい時は、ピアノはメロディとベースだけにするのが望ましい。
・お互いの音を聴き合うように環境の設定を工夫する（向かい合う、並んでサインを見て演奏するなど）。

❖活動の進めかた
・2人の音が呼応するように、ハンドサインを提示（楽譜の1段目が2人で演奏する場合）。
・同時に4音を鳴らしても、交互に鳴らしてもよい。
・4人で1音ずつメロディ奏もできる（ピアノ譜右手の上向き符尾の音を演奏する）。

❖この音楽にたどりつくまで
　お互いの意識も高まっている2人ですが、既成曲を羅列し、パターンになってしまう特徴のあるクライエントなので、新しい曲に出会い、その中で仲間と交流する楽しさを感じて、やがてこの曲が「自分たちの曲」になっていけばいいなと願って、つくりました。
　また、動きのテンポが速い2人でしたので、音の行き来がシンプルで短い曲が適当かと思いました。

ふたりの音

小川裕子（作）

2人の場合

4人でメロディ奏をする場合

……編者より……

　原稿として最初にいただいた楽譜は、ピアノ・ソロの体裁でした。そこからメロディを抜き出し、対象者に渡すと、使用音域が重なることを容易に避けられ、対象者とセラピスト、お互いの音を必要とする音楽ができあがるのですね。この曲は「2人（＋1人）の音」ではないでしょうか。

奏でる──ピッチ楽器を中心に

『音積み木ならそうよ』　　岸加代子（作）

◈ 曲の成り立ち
　セッションを始めてしばらく経ち、セラピストとクライエントの信頼関係ができあがると、クライエントは安心感をもってセラピストと心を通わせながら演奏に取り組めるようになってきます。そのような時に作成したのがこの曲です。温かな雰囲気のなかで優しい音色に耳を傾けながら、共感しながら演奏しました。
　子守唄のような曲にしたかったので、開始音は地声の音域から歌いだせるようにしました。また、おぼえやすいように、短くそしてシンプルな旋律にするよう配慮しました。

◈ 人数　特に制限なし

◈ 使用楽器　・音積み木（a・d・e）
　　　　　　・トーンチャイム（a・d・e）
　　　　　　・フィンガーシンバル等
　上記にあげた楽器のうち一種類だけを使用するほうが美しい音色となるでしょう。

◈ 活動の目的
　曲の持つ温かい雰囲気を生かして、優しい音色に耳を傾ける体験をし、かつ他者との情緒的交流をおこない、情緒を育む。

◈ 留意点
・情緒的な曲の雰囲気を保つために、伴奏や歌は優しく語りかけるようにすること。
・クライエントとアイコンタクトなどを交わして共感し、情緒的な交流をたっぷりと持つこと。

◈ 活動の進めかた
・休符の部分で楽器を鳴らす。
・歌詞は「いっしょにならそうよ」として、各々手にした楽器を一斉に鳴らしたり、「○ちゃんならそうよ」として、名前を入れて1人ずつ鳴らすこともできる。
・フィンガーシンバルの場合は、片方だけを持ち、人と一緒に打ち合わせて奏する方法もある。
・終わりの「ならそう」は、「そう」のあとに鳴らしたり、「そう」で歌と同時に鳴らして終止とする方法がある。前者は間をとることができる人なら演奏しやすく、後者は人と息を合わせるために良い方法である。

……**編者より**……
　対象者がどの楽器を使用するかによって、印象がいろいろ変わりそうな楽曲です。使用楽器の項目に指定してあるa・d・eの音を一斉に鳴らしたとき、周囲を見まわして何か探したくなる印象を受けました。フレーズごとに合う和音を鳴らしたり、他の楽器を使うと、どのような印象を受けるのでしょう。

音積み木ならそうよ

岸加代子（作）

いっしょにならそうよ
（○ちゃん）
いっしょにならそうよ

ラララララ　ラララララ　なら　そう

『冬の朝』　高田由利子（作）

❄曲の成り立ち
　テンポの速い曲やレゲエを好み、待つことの苦手な知的障害者3人のグループ・セッションのためにつくりました。曲調の持つ寂しさやゆったりしたテンポにそれぞれが哀愁を帯びた表情になるなど、いつもとは異なる感情体験となりました。

❄人数　5〜6人

❄使用楽器　トーンチャイム（$c^1・f^1・a^1$）

❄活動の目的
・仲間の音を聴く。
・鳴らす順番を待つ。
・仲間と一緒に鳴らす楽しさを味わう。

❄留意点
・相互に意識を向けやすいように座る位置を工夫する。
・個々の集中に合わせ、順番を変えたり、テンポに変化をつけるなど工夫する。

❄活動の進めかた
　椅子に座った状態でトーンチャイムを対象者それぞれに1本ずつ配る。セラピストは、鳴らすタイミングをハンドサインで示す。言語的指示は必要に応じて介入する。

❄この音楽にたどりつくまで
　1月の寒い朝、1人で即興をしながら窓の外に目を向けると、雪が降っていました。どんよりとした空、おてんと様の存在をわずかに感じながらも暗い空模様に雪だけは勢いよく降っていました。その様子を見ながら、故郷の日本を懐かしく思い出していると、いつの間にか雪の舞うさまを6連符で表現していました。そして、3人から成る小グループ・セッションのクライエントの顔を思い出し、彼らがこの雪模様を見たらどのような気持ちになるのだろうかと思いめぐらせ、1人1人の個性が十分に生かされるような合奏にしたいと思ったとき、ヘ短調の下属音から主音に帰結するという和声進行のパターンができあがりました。さらに、1人から2人同時に、そして最後は3人が息を合わせて一緒に音をつくりだせたらいいなという期待を込めて、終止に向けて3人で鳴らす場面をたくさん取りました。

……編者より……
　冒頭から8小節目まで、独特な広がりや、自分の内面に方向づけられるような気がするのは、メジャーともマイナーコードともわからない、5度の響きが多く使われているせいでしょうか。

冬の朝

高田由利子（作）

『みんなのやさしいおと』　青木久美（作）

❁曲の成り立ち
　この曲は私が音楽療法の世界に入って間もないころに、初めてつくった曲です。演奏したあとに「やさしい気持ち」になれるような雰囲気を心がけてつくりました。
　曲の構成はＡＢＡ'形式になっています。Ａは4拍目で複数の人がトーンチャイムを鳴らす設定になっていますが、ペンタトニック（5音音階）なので、鳴らし間違いがあっても問題ありません。一方Ｂは、グループのなかで1名だけが担当できるスペシャルなパートで、ピアノのメロディとの掛け合いになっています。そして、Ａ'に戻ったところで、全員一緒に音を奏で、響きを感じながら終わりを迎えます。
　実際のセッションの様子です。自閉スペクトラム症の中学生6人グループの中に、豊かな音楽的表現力をもっているものの、多動で椅子に継続して座っていられない男の子がいました。私は彼に、この活動でＢのパートを担当してもらうことにしました。すぐに彼は、並べられたカラフルなベルハーモニーに関心を示しましたが、Ａの部分は座って待つことが難しい状況でした。しかし、ベルハーモニーを演奏するためには、最初から座っていないとできないということを繰り返し伝えていくと、徐々に着席した状態で、メンバーのトーンチャイムの音を聴きながら待つことができるようになりました。他メンバーもＢでは彼の演奏に注目し、憧れのような気持ちも生まれたようです。全員で奏でるＡ'を演奏した後には、ピアノを担当しているセラピストを含め、参加者全員が一体感を得ることができました。その後、彼もトーンチャイムを座って演奏できるようになり、他の子供がベルハーモニー役を希望するようにもなりました。自閉度の重い子供たちが、音楽に合わせて左右にゆったりと身体を揺らし、音楽を味わっていたのも印象的です。

❁人数　トーンチャイムのパートは何人でも。ベルハーモニーは1名だけ

❁使用する楽器など
・トーンチャイム×人数分（$c^1 \cdot d^1 \cdot e^1 \cdot g^1 \cdot a^1$）
・ベルハーモニー×8音（ハ長調の1オクターヴ。音積み木等でも可）
・ベルハーモニーを並べる机・台

❁活動の目的
▶全　体
・音楽を通してメンバーと一体感をもつ。
・担当外のパートの演奏を聴きながら、待つ。
・音楽の雰囲気に合った演奏をする。
▶トーンチャイム
・まわりと同じタイミングで音を奏でる経験を通して、他者への意識・他者に合わせる力を高める。
▶ベルハーモニー
・自分が集団のなかで特別な役割を担っていることを認識し、達成感をもち、自信をつける。
・ピアノとの掛け合いを通じ、他者（セラピスト）との関係を深める。

❄留意点
・曲の余韻を十分に味わって活動を終える。その雰囲気が効果的に作用するよう、プログラム内での設定箇所に配慮する。
・対象児が楽器を鳴らしたがらない場合、トーンチャイムを保持することが難しい場合は、その場にいて、音の響きを味わってもらうだけでもよい。

❄活動の進めかた
▶トーンチャイム
　最初は鳴らすタイミングを示すため、リーダー役が前に出て、わかりやすいように動作で指示する。鳴らすタイミングが理解できたら、リーダー役は設定せず、周囲の人と顔を見合わせながら演奏する。
▶ベルハーモニー
　机上に8つのベルハーモニーを半円状に並べる。Aでは、楽器が目の前にあるとどうしても鳴らしたくなってしまうので、少し距離を保っておく。Bで、鳴らす箇所をリーダー役がポインティングする。ポインティングで鳴らすことが難しければ、差し出しにする。A'では、鳴らす音・タイミングを両手で示す。
▶ピアノ
　8小節目は、トーンチャイムの響きを十分に味わってから、余裕をもってBに入る。Bはベルハーモニーとの掛けあいになっているので、語りかけるように演奏する。最後の1音は、皆の響きを十分に聴いたあとで、大切に奏でる。

……編者より……
　Aのフレージングは、3・3・7拍子のような拍の割り当てです。また、対象者パートの音列をピアノが他の音列で支えるというのは、対象者の音楽経験を広げることができそうなアイデアです。

みんなのやさしいおと

青木久美（作）

奏でる──ピッチ楽器を中心に

『みんなの音』　　飯島千佳（作）

❖曲の成り立ち
　成人の神経発達症（知的能力障害、自閉スペクトラム症など）の方の通所施設で、15名ほどのグループ・セッションのためにつくられたトーンチャイムの合奏曲です。このセッションでは全員での合奏を毎回おこなっていましたが、「全員の中だと埋もれてしまう人がいる」「1人1人のニーズに応えられていない」などの課題が出てきたため、この曲をつくることになりました。全員での合奏ではなんとなく参加している状態であまりスポットの当たらない人や、タイミングに合わせて楽器を鳴らすことが難しい人を主な対象としています。

❖人数　3人1組

❖使用楽器　トーンチャイム（$d^1 \cdot e^1 \cdot g^1$）

❖活動の目的　・セラピストに注目し、合図に合わせて楽器を鳴らす。
　　　　　　　・自分の役割を認識し、全員で協力して曲を完成させる。
　　　　　　　・主役を体験する。

❖活動の進めかた
　対象者は$d^1 \cdot e^1 \cdot g^1$のトーンチャイムを1人1本ずつ持ち、フレーズの合間でセラピストの合図に合わせて鳴らす。セラピストは、歌詞の「〇〇さん」の部分に対象者の名前を当てはめて歌いかける。最後は全員で一緒に鳴らして、静かに終わる。

❖留意点
　セラピストの合図に合わせて演奏することが難しい対象者には、伴奏をつけて演奏する前に個別にその練習をする、などの方法をとる。自分の出番まで待つことや鳴らすタイミングを計ることが難しい対象者には、必要に応じてコ・セラピストが補助をする。トーンチャイムの操作が難しい場合は、ベルハーモニーやハンドベルなど、他のピッチ楽器で代用することも可能。

❖この音楽にたどりつくまで
　成人の方を対象としているので、じっくりと雰囲気を味わえるような曲にしました。また、セラピストの歌声や楽器の音に注意を向けられるよう、物静かで楽器の音が際立つような音楽を心がけました。トーンチャイムの柔らかくも凛とした音色にはG調（ト長調）がぴったりではないかと思い、この調を選択しました。
　3人1組でおこなう活動なので、1人1人の出番が明確になるよう個人のパートをつくったり、3人で曲をつくりあげた感じが味わえるよう最後に全員で鳴らすパートを設けたりしました。3人で楽器を鳴らして曲が終わったあと、その場の皆で余韻が味わえたらいいと思います。個人パートの部分のピアノ伴奏は、何も弾かないほうが楽器の音が引き立つ場合もありますが、ピアノとトーンチャイムの音の両方が鳴った時に、曲としての流れや広がりが出ると思います。

みんなの音

飯島千佳（作）

□□□さんのおと ならしてみーよーう

みんなのすてきなおと ならしてみーようよ

……編者より……
　各フレーズに演奏者の名前を入れることで、皆が注目できますが、大切なのはその後の1拍の休符です。これが、演奏者の音に、皆の耳を傾けさせるのでしょう。

奏でる
楽団のように

『Ear Contact』　松尾香織（作）

❖曲の成り立ち
　リズム模倣が得意なクライエントのためにつくりました。合の手をうつ楽しさと、ピアノのリズムを聴いて楽器と数を瞬時に選ぶスリルを同時に味わえるようにしました。
　実際のセッションでは、クライエントとコ・セラピストがそれぞれ3種類の楽器を演奏しました。最初、クライエントとは指示や確認、承認を求めるアイコンタクトをしてきましたが、曲の構造がわかってくるにしたがって、徐々にアイコンタクトは必要なくなりました。
　セラピストが即興でテンポをあげたり、1打・2打・3打のサインをランダムに提示するアレンジを加えると、クライエントは興奮した表情で演奏し、終了後「できたー！」とか「早いよー！」等、互いに感想を言い、健闘をたたえあって、楽しそうでした。

❖人数　2人（楽器を1つずつ担当する場合は3～5人）

❖使用楽器
・足つき太鼓（フロアタム）
・シンバル
・ラッパ（d^1・a^1）
・マレット（1人1本）

❖活動の目的
・ピアノを聴いて演奏する。
・指定されたタイミングで演奏する。
・リズム模倣をする。
・複数の楽器を演奏する（楽器を1つずつ担当する場合は、役割を意識する）。
・強弱のコントロールをする。
・活動を楽しむ。

❖留意点
・音楽のコントラストを明瞭に。
・打楽器とラッパを同時に演奏するため、利き手にマレット、反対の手にラッパを持ってもらう。持ちかえが必要な場合は、マレットとラッパを置くテーブルを用意する。
・最初に戻ったとき、テンポを速めたり、逆に遅くしたりするのも面白い。
・ユーモアを忘れないように。

❖活動の進めかた
　1）最初に、ゆっくりとしたテンポで部分練習をして、ピアノのサインと打数の関係をおぼえる。必要なら、セラピストが指さしや歌などでサポートする（歌いかけの例：「ラッパをふこう」「シーンバール」「たいこ」）。
　2）全体をゆっくりしたテンポで通し、楽器の持ちかえの練習をする。
　3）サポートをなくし（もしくは減らし）ピアノのサインで演奏することを意識する。
　4）演奏が上手くできたら、大絶賛!!

5）ピアノのサインが聴けるようになって、リズム模倣が完璧にできるようになったら、楽譜の※部分を繰り返して、即興でより多彩・複雑なリズム模倣にチャレンジする。
　クライエントに合わせて、適宜、上記の各段階を飛ばしても良い。

　　　※部分を繰り返す際の例

❀この音楽にたどりつくまで
　即時反応を促し、さらに他者とコミュニケーションできるような音楽を考えました。冒頭のメロディはオクターヴでそっと弾くことにより集中を促し、次のシンバルは大げさなくらいドラマティックに発散（と同時に小さな弛緩）を。続く3打はドアをノックするような軽快なアクセントを……というように、それぞれのリズムに誘うピアノに、特徴を持たせました。全体的に調性感を薄くすることで緊張を保ち、最後の長3和音で安定と達成感を味わえるようにしました。

……**編者より**……
　曲中、同じリズム模倣が何度か繰り返されており、そこではセラピストと対象者がお互いのリズムを模倣しあい、お互いに励まし合いながら音楽を進める……そんな関係を築いているように見受けられます。

Ear Contact

松尾香織（作）

『Old Tune』　茂庭雅恵・鈴木祐仁（共作）

❖曲の成り立ち

　知的障害者成人施設の10人強のグループ・セッションが対象で、施設自体の音楽の時間の歴史が長く、経験豊富な対象者も多いことから、新しい挑戦（楽曲）の必要なことがよくありました。作曲当時、グループのメンバーはセッションでトーンチャイムなどピッチ楽器を使って皆でメロディをつないでいくことに関心を持っており、合奏活動に意欲的でした。個々のメンバーが持っている目的、つまり得意とするお目当ての楽器を演奏すること、大きな編成を経験すること、音楽の雰囲気や持続する緊張感のあとにやってくる達成感への期待などを含め、大人数で演奏するための音楽を準備しました。

❖人数　11名

❖使用楽器
- ラッパ×5（音程は楽譜①～⑤を参照）
- サスペンド・シンバル（⑥）
- トライアングル（⑦）
- 音積み木×2（⑧⑨）

❖活動の目的
- 協同作業の経験。
- 役割の遂行。
- 楽しみを経験すること。
- お互いの音を聴き合うこと。

❖活動の進めかたと留意点
- 各パートの連携が誰からも把握しやすいよう、楽器とメンバーの席配置を心がける。楽器の選択は対象者にまかせ、必要に応じてセラピストからも提示する。
- メンバーが自分自身の音、他者の音をよく聴けるように、ピアニストは音量に配慮する。
- ピアニストは、シンバル（⑥）のトレモロの長さ（楽譜２頁目中段の※）を対象者にまかせ、対象者が演奏を終えるタイミングに合わせて次の小節に入るとよいだろう。

❖この音楽にたどりつくまで

　私（鈴木）が担当している現場に、茂庭さんが新しいスタッフとして来たとき、新しく来た音楽性を使わないわけにはいかない、と考え、共作を提案しました。メロディづくりを茂庭さんが担当し、私が伴奏と［Slow］の部分をつくりました。当時「対象者の音で始まり、進められていく音楽」ということを考えており、対象者が自分の出した音をよく聴けるように、冒頭パートの伴奏形はラッパを追いかける形にしました。大人数でおこなう曲なので、オーケストラのように音域を広く使うことを心がけたり、お目当ての楽器を演奏するメンバーをそれぞれ想像しつつ、各楽器の出番の量を調整しました。トライアングルのパートが比較的長い時間演奏しているのは、トライアングルを好み、場面の切り替えが苦手な１人の対象者を想定したためです。メンバーが演奏楽器の切り替わりを音楽からも予想しやすくするため、ピアノの低音パートにアウフタクトのフレーズを多用しました。

Old Tune

茂庭雅恵・鈴木祐仁（共作）

⑧ 音積み木①

⑨ 音積み木②

⑥

D.C.

D.C.

※

D.C.

Coda

③

Coda

奏でる──楽団のように

『Veil』　茂庭雅恵・鈴木祐仁（共作）

❖曲の成り立ち
　知的障害者施設の10名グループが対象です。ある日私（鈴木）は茂庭さんのノートに半音ずらした2組のモチーフ「C・F・G・B♭」「C♯・F♯・G♯・B」を見つけ、このぶつかり合う音、どう扱うんだろう？と驚き、興味を持ちました。訊ねると、オーケストラをイメージし、演奏しながら曲の行く先に期待感を対象者が持ってくれたら、との答え。直感的だけど何かあるかもしれないと、作曲に入りました。題名の〝Veil〟は「よくわからないけど何かありそうだから覗(のぞ)きこんだ」というこの曲の制作過程からつけました。このモチーフに私が惹かれたのは、セッションでしばしば用いる明快な雰囲気の音楽に対して「無難さ」を感じることがあるからかもしれません。「無難さ」自体は悪いことではないのですが。
　3小節目まで2人でピアノで音を探りながらつくり、4小節目以降は2つのモチーフを音程順に並べなおし、使える和音を検討しつつ進めました。オーケストラ＝大人数での協同作業というイメージから、ピアノを含めた全員の音程が重なるのを避け、対象者が自分の役割を楽しみ、価値のあるものと感じられるように、4つのメロディアスなパートとピアノが会話するような構造にし、なるべく1つの拍で音を出すのは1人にして、全員がテンポづくりに大きく関与する、という構造をつくりました。このグループではピアノがリードする力はさほど必要ではなく、また、私が他のメンバーと横並びの一演奏者でいたいと常々考えていたこともこのような構造になった理由の1つです。また、序曲のような3つの場面転換は、対象者から持続する集中を引き出す試みです。
　できあがった曲はロマンティックで翳(かげ)りがあり、グループから感じる雰囲気とは異質でした。実際あまりセッションで扱ったことのない曲想なので、持ち込むのに迷いましたが、こういった質を味わえる何人かのメンバーが想い浮かんだので用いることにし、フィットしなければすぐひっこめようとも考えていました。

❖人数　7名

❖使用楽器
・シンバル
・ピッチ楽器（音積み木やトーンチャイム、ラッパなど）×4（1人2音ずつ担当）

❖活動の目的
・自分と他者の音に耳を傾けながら演奏する。
・協同作業の経験と、それによる達成感を得ること。
・ロマンティックな雰囲気を味わうこと。
・活動に対する集中と期待感の持続を経験する。

◈ 活動の進めかたと留意点
・各パートの連携が誰からも把握しやすい楽器とメンバーの席配置を心がける。楽器の選択は対象者にまかせ、必要に応じてセラピストからも提示する。
・メンバーが自分自身の音、他者の音をよく聴けるようにピアニストは音量に配慮する。
・ピアニストは「2小節目からチェロのメロディが」とか「8小節目からの4分音符はティンパニが」というように、オーケストラの鳴っている様子を想像しながら演奏するとよい。

◈ 応用法
・8～11小節目、1拍目にシンバル、ピアノの4分音符を低い音の太鼓に置き換えると、よりドラマティックな雰囲気を演出できる。
・ピッチ楽器は1音ずつ8人で担当することもできる。
・ピッチ楽器＋打楽器のチームを2つつくって交代しながら演奏し、音色の違いや互いに聴き合うことを狙いにするのもよい。
　　　　　チーム①：音積み木＋シンバル
　　　　　チーム②：ラッパ＋ウィンド・チャイムなど

Veil

茂庭雅恵・鈴木祐仁（共作）

『Salvia Spires』　鈴木祐仁（作）

❖曲の成り立ち

　知的障害や身体に障害のある学童自主グループの男児5名が対象です。当時、互いに他のメンバーに対して興味・関心が高まっており、ダンス活動などで誰かが決めポーズに流行のギャグを使うと真似しあって、お互いのつながりを意識していたようです。そこで、音楽活動を通してお互いをより深く知ったり、仲間意識を強められたらと考え、合奏活動を取り入れることにしました。

　そのための音楽は、ギャグの共有とは違うもの――たとえば厳かな式典に皆で参加するような、シリアスな雰囲気を持ち、協同作業が必要な演奏形態＝オーケストラのような編成やダイナミクスを持つもの――という漠然としたイメージから音を探り始めました。また「オーケストラ」→「アンサンブル（調和の質）」という連想から、パートやセクション練習を活動として取り入れて、最終的な合奏までに、多様な人数での協同作業を経験することと、メンバーが自分や全体の演奏に満足感を得ようとする動機づけを試みました。

　曲づくりは、普通級や学習塾に通うクライエントがいたことから、長いメロディの記憶に取り組むことを思いつき、その他、それぞれが得意としていたり、個人的な目標から挑戦できると望ましいパートを考え、進めていきました。ドリア旋法を用いましたが、これは私がこの旋法に「気高さ」や、ぴしっと背筋を伸ばしたくなるような印象を持っているからです。また、記憶することへの意欲を引き出すために、メロディのリズムが単純になることを避けました。曲中、1人ずつに長い休符をつくり、他のメンバーの演奏に目を向けることを意図しました。

❖人数　6人

❖使用楽器
　・タンバリン
　・フロアタムなど大型の太鼓（タンバリンと音色の似ないもの）
　・音積み木①（g^1・e^1）
　・音積み木②（a^1・d^1）

❖活動の目的
・さまざまな形態の協同作業（パート間の／セクション練習／メロディック・リズムのユニゾン／合奏）の経験。
・指示を頼りにするのではなく、曲を記憶して演奏すること。役割の遂行。
・練習・合奏で、他者の演奏に取り組む姿をよく観て、知ろうとすること。
・シリアスな集中に取り組み、プロセスを楽しむこと。

❖留意点
・お互いがよく見えるように席を配置する。タンバリン、フロアタム、シンバル、音積み木①、②の順で、L字かV字形に並ぶとよいだろう。
・パート練習の際、待っているメンバーが練習しているメンバーに注目できるよう、促す。
・楽譜通りに演奏することがこの活動では大切だが、個別の演奏チェックの際「リズムの間違い＝悪いこと」というイメージをクライエントが持たないよう、留意すること。

❊活動の進めかた
1）準備　あらかじめパートを振り分ける。最初はそれぞれが自信をもって取り組めるものをセラピストが指定するとよい。
2）1〜7小節目（A）
- セラピストがピアノで7小節目までを何度か繰り返して弾き、メンバーが記憶する。メンバーに浸透するのを見はからって、ピアノと一緒に演奏することを促し、必要なら指示を加える。
- 慣れたところで、個別にピアノと合わせる練習をする。その後、ピアノなしでメロディック・リズムのパートの演奏チェックやタンバリン＆フロアタムのユニゾン（のちにシンバルも合流して）練習をする。
- 再び、ピアノを加えて練習。

3）8〜15小節目（B）
- 音積み木の演奏順（鍵盤のと、メンバー相互の）を知らせ、個別に練習する。
- ピアノの演奏に合わせ、セラピストがキューを出しながら練習する。

4）合奏
- 演奏するパートをアイコンタクトや指さしなどで指示し、通して演奏してみる。必要ならA、Bを適宜繰り返す。
- 改めて「本番いくよ！」と演奏への意識づけをおこなう。
- 合奏する。全員で楽譜通りの演奏ができるようになったら、Bはピアノが即興で音積み木のメンバーに、より複雑なリズムや音程模倣のヴァリエーションのやりとりを持ちかけ、展開する。そのとき、タンバリン、フロアタム、シンバルのメンバーがひまそうにしていたら、歌いかけで指名して即興に加えるとよい。音積み木のパートに使われない音階やコードを用いると、メンバーを個別に際立たせることができてよいだろう。
- 1小節目に戻り、曲を終え、「上手にできたひとー？」と確認したり、皆で拍手しあい、自分や相手をねぎらいあう。達成感を強める必要があれば、再び合奏する。

5）その後
　パート替えをおこなう。メンバーそれぞれの希望を聞いたり、セラピストから別の楽器を促す。楽器が変わることで自信のなさを見せるクライエントが出てくるので、練習でフォローする。

Salvia Spires

鈴木祐仁（作）

奏でる——楽団のように

D.C. al Fine

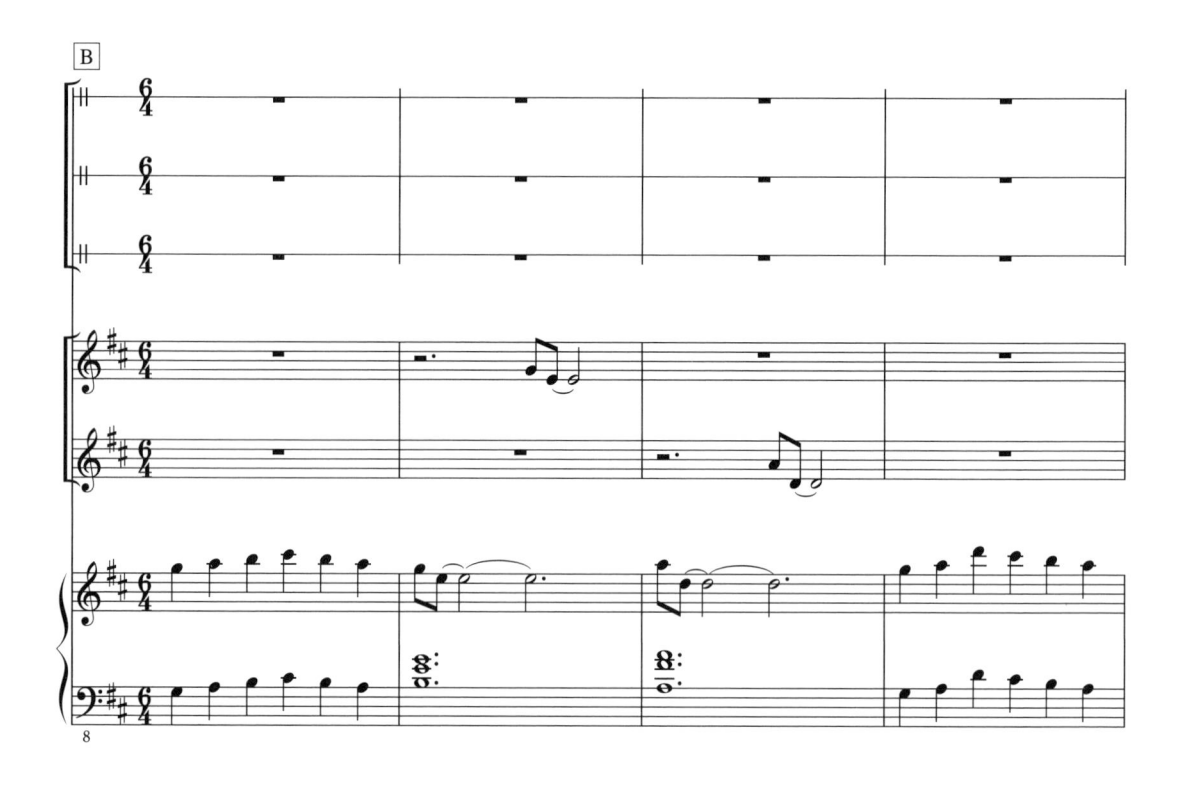

活動のおわりに

『さようなら　Good Bye!』　　小川裕子（作）

❖曲の成り立ち
　ある小学校の、特別支援学級での音楽療法の時間のためにつくりました。

❖人数と使用楽器　特に制限なし

❖活動の目的　・セッションの終わりを認識し、次回への期待につなげる。
　　　　　　　・自発的な発声・歌唱。
　　　　　　　・クールダウン。

❖留意点
　セッションの終結が感じられるようにおこなう。

❖活動の進めかた
　グループの活動なら、「Good Bye」のところにそれぞれの名前を入れるなど、個別的な関係も楽しめる工夫もできる。

❖この音楽にたどりつくまで
　上行形に簡単な歌詞（日常に使用している言葉とイントネーション）で、自然と歌い出せるような音形を意識しました。また、伴奏は順次進行を用い、音楽の展開に色づけし、単純な和音からより多彩な音を意識してつくりました。
　歌詞に「Good bye」を入れました（学校に外国人の講師がいたことも関係しています）。子供たちにとって、ワクワクする要素になればいいなと思いました。

……編者より……
　1つ目のメロディの伴奏には3度、あるいは3度と5度を抜いた和音。2つ目のメロディの伴奏は和音が変わり、リズムの細かさも増しています。同じメロディですが、自分と音楽の距離が変わったように感じられます。「どんな状況から音楽の変化が求められたのか？」この曲に限らず、考えてみるとさまざまな発見がありそうです。

さようなら Good Bye!

小川裕子（作）

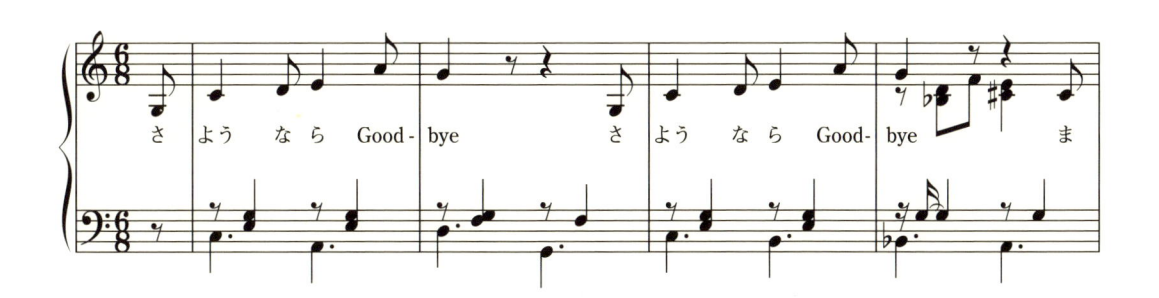

活動のおわりに

『さっよな〜ら』　桜井三月（作）

❈曲の成り立ち
　この曲は、小学5年男子（知的発達障害、肢体不自由）の個人セッションのためにつくられた曲です。セッションのなかで使用していた音楽が、ゆったりとした曲調であったり、Eマイナーなどの短調の曲が多かったため、最後は違う雰囲気の曲で〝さよなら〟をしようと考え、軽快な曲をつくりました。歌詞をシンプルにすることで、音楽の時間が終わることを歌と一緒に伝えています。

❈人数と使用楽器　特に制限なし

❈活動の目的
　さよならの歌を歌うことで、活動の終わりを明確にする。

❈活動の進めかた
　その場にいるメンバーで歌う。名前を呼ばれたあとに返事をしたり、「さようなら」と手を振ることもできる。

❈留意点
　ピアノ伴奏は「おしまい」の歌詞の部分のみ、スタッカートをつけていない。その部分は少しレガートに歌うことで、メリハリがつく。

❈この音楽にたどりつくまで
　付点のリズムを好み、かつ転回形の響きに強い反応を示すクライエントのため、それらを意識してつくりました。全体を通して第一転回形もしくは第二転回形を使用しているため、〝さよなら〟であるにもかかわらず、音楽的には終止感の薄い曲となっています。最後の2小節で終止形を使用し、初めて和音の基本形が出てくることで、曲の終わりを明確にしました。
　クライエントはどのように音楽を感じているのか、それを考えながらピアノに向かい合い、転回形で心地よい音はどれなのか、メロディとして不自然にならない流れはどうすれば良いのか、試行錯誤のプロセスをへてこの曲にたどりつきました。この曲を弾く手の動きも見て、クライエントにはどのように見えているのかも考えて、あえて平行移動するような動きを選びました。

……編者より……
　アーティキュレーションが軽快さを出しているようですが、さらに、3度や5度の響きが連続することで、音楽の流れに勢いを加えているようです。音数の調整について考えさせられました。

さよな〜ら

桜井三月（作）

活動のおわりに

『みんなにばいばい』　桜井三月（作）

❖曲の成り立ち
　この曲は幼稚園年長男児（染色体異常）の個人セッションのためにつくられた曲です。セッションのなかで使用した楽器を片づけるとき、彼がFのトーンで「太鼓にばい、ばい、ばーい」と歌いかけるように片づける様子を見て、この曲をつくりました。この曲を使用して以降、セッションの終わりには歌いながら楽器を片づけるということが定着しました。

❖人数　特に制限なし

❖使用楽器　セッション中に使用したすべての楽器

❖活動の目的
・セッションルームにある楽器も1つの存在として受けとめ、別れを感じることで、次のセッションに向けての期待を高める。
・セラピストと楽器を通して感じた音楽体験を振り返り、その日の活動を整理する。

❖活動の進めかた
・歌詞のなかの○○の部分には楽器名を入れる。
・楽器を片づけながら、歌いかけていく。
・使用した楽器の数によって、繰り返しの数は変化する。
・1つ1つの楽器に対して愛着や思いを込めて歌う。

❖留意点
　楽器名に限らず、楽器を使用した時の内容も歌詞に組み込んで振り返ることもできる。セラピストの名前でもかまわない。

❖この音楽にたどりつくまで
　曲の最初の2小節は、クライエントのモチーフをもとにつくられています。彼から生まれてきたFの音をより深めたいと思い、曲全体がFのペダルコードとなっています。終止部分のみ、完全に終わりを伝えるためにペダルコードではなく変化をつけています。
　楽器によって曲の雰囲気や音は変えない設定にしていますが、それは淡々と歌いかけることで、クールダウンの意味も込められています。

……**編者より**……
　歌の音程への気づかいを減らすことで、「ばいばい」することにより心を向けることができます——ならば、音楽をなくし、言葉のみで"さよなら"すればいいのではないかとも思いますが……音楽とともにおこなうほうが特別、そういう印象を受けるのはなぜでしょう？

みんなにばいばい

桜井三月（作）

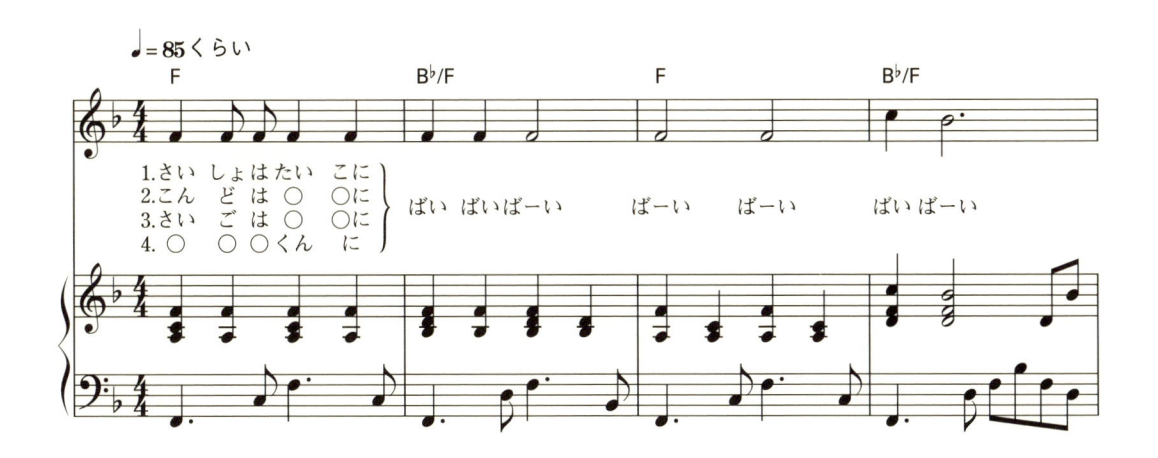

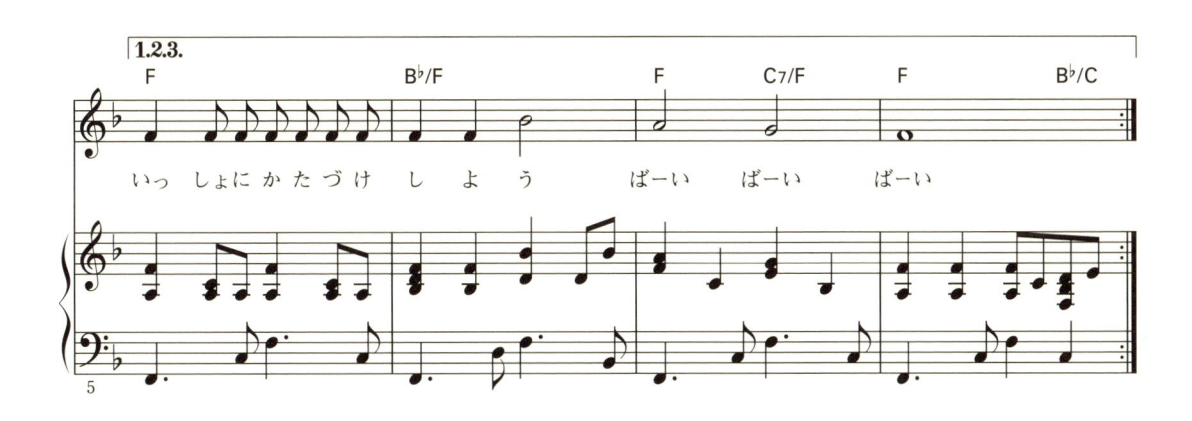

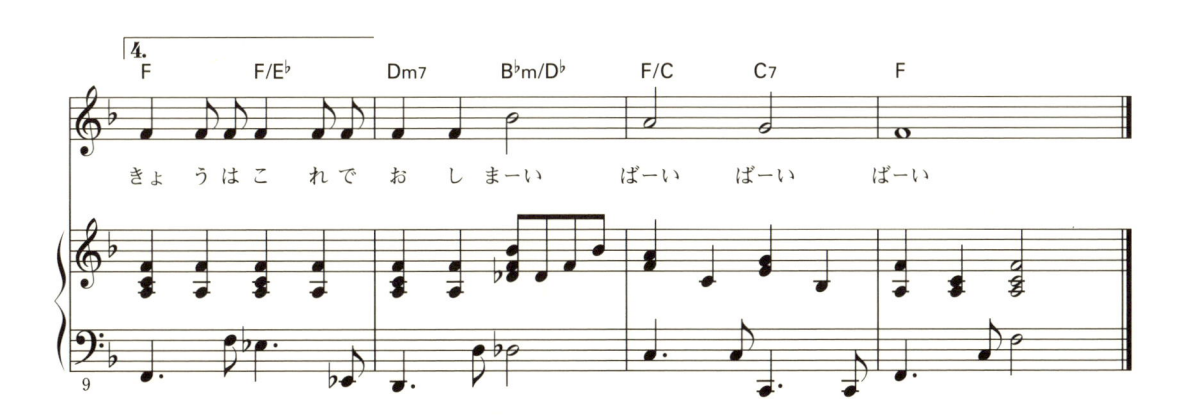

『さようなら、またこんど』　　小柳玲子（作）

❈曲の成り立ち
　小さい子供が手を振って「バイバイ」をするのもかわいらしいけれど、「さようなら」と言いながらおじぎをする日本的なていねいな間合いも知ってほしくて、こんな歌になりました。コーダは、終わりの時間が気になっていつも挨拶どころではないＰ君のために、活躍の場としてプラスしました。Ｐ君はとてもカレンダーに詳しいので。もちろん休暇が入ろうと、どんな時も正確に教えてくれました。

❈人数と使用楽器　特に制限なし

❈活動の目的　　・終わりの挨拶。
　　　　　　　　・次の回への期待を高める。

❈活動の進めかた
　１人ずつセラピストと「さようなら」を歌い交わす。発声が難しければ、頭を下げておじぎするだけでもよい。

❈留意点
　コーダは対象者（Ｐ君）がヒーローになれる箇所なので、もったいぶって期待感たっぷりに歌い上げる。

❈この音楽にたどりつくまで
　「さようなら」という言葉のニュアンスがそのまま生きるよう、２拍目にアクセントが来るリズムを重ねてフレーズをつくりました。あとは、言葉もメロディもひたすらシンプルに……。

……編者より……
　　たしかに「さようなら」は、口にする時こういうリズムです！　そして「さようなら」なのに、ずっと歌いたくなる心地よさを感じました。

さようなら、またこんど

小柳玲子（作）

さよう なら （さよう なら） また こん ど
さよう なら （さよう なら） げん き で ね
さよう なら （さよう なら） また こん ど
さよう なら （さよう なら） げん き で ね こん
ど あ う ひ は　 ○ がつ ○ ○ にち

活動のおわりに

『おわりの曲』　　守重絵美子（作）

◈曲の成り立ち
　自閉症成人の個人セッションをきっかけに、活動の締めくくりを意識するためにつくられました。作曲の際には、社会生活を送るうえで時に感じる、切なさや寂しさなどの雰囲気も取り入れ、流れるような分散和音の伴奏で前向きな気持ちを表現しました。

◈人数　個人〜グループで可能

◈使用楽器　特になし（ピアノやキーボード、ギターで伴奏したり、打楽器を加えて盛り上がって終わることもできる）

◈活動の目的　・活動の終わりを意識する。
　　　　　　　・他者と音楽で掛けあい、相手の音を聴き、仲間を意識する。

◈留意点
　1）子供〜大人のセッションで使用可能。
　2）曲の意味＝「終わり」が理解できた場合、歌詞をつけずに、楽器のみで演奏することも可能。
　3）リズムパターンやテンポ、強弱などを工夫すると、静かにクールダウンして終わることも、活発に盛り上がって終えることもできる。
　4）対象者の声域によって、あるいは使用楽器によって、互いの音楽が協和するために調の選択を工夫するとよい。たとえば、対象者が黒鍵部分のみをはめこんだ鉄琴を演奏することになった場合、ピアニストはC♯majorで主に黒鍵を使って演奏する。また、対象者がリードホーン（たとえばFのリード）を吹く場合は、ピアニストはFmajorでFをベースにした演奏をする、など。

◈活動の進めかた
　ピアノの前に、対象者とセラピストとが並んで座る（対象者が高音側、セラピストが低音側）。セラピストは安定した音を保ちながら伴奏し、対象者が安心して演奏できる環境（歌いやすい環境）をつくる。ピアノ以外の楽器を使用する場合は、他の座りかたもできる。お互いの存在が確認しあえる位置が良い。
　前半2小節ずつをお互いの名前を呼び合って、相手を意識するようにすることも可能。
　また、フェルマータで音を長く響かせたり、リタルダンドをかけて終わるなど、お互いを意識し、息を合わせて音楽的に演奏することを目的にすることもできる。

……編者より……
　2回同じフレーズが繰り返されると、掛けあいや復唱ができます。本書には、この曲のように、3つ目のフレーズで流れが展開する楽曲が多く収録されています。このような音楽の流れに関する感覚を、私たちはどこから得てきたのでしょうか。

おわりの曲

守重絵美子（作）

セラピスト
さ よ な ら ○ ○ ○ くん

クライエント
さ よ な ら ○ ○ ○ さん

全員で
きょう は これ で お し ま い

さ よ な ら おん が く

活動のおわりに

『sayonarAz』　鈴木祐仁（作）

◈曲の成り立ち
　知的障害者成人施設の10名のグループ・セッションのため、特にそのなかの1人の男性対象者Aを意識して書きました。彼は即興的活動では自発性を発揮することが難しかったようで、どこか傍観者のようなたたずまいを見せていましたが、時折、曲が終わってからメロディを繰り返して歌うことがあり、それはその音楽が彼の琴線に触れたことを皆に知らせているように見えました。彼の自発的な行動（歌唱）を増やすために、彼にとって魅力的な音楽を、と準備を始めました。

◈人数と使用楽器　特に制限なし

◈活動の目的
・自発的な歌唱および音楽的な参加の促し。
・斉唱や掛けあいの経験から、集団で過ごしていることへの意識を促す。

◈留意点
・10小節以降は、皆の手拍子から生まれるテンポを大切にする。
・歌や手拍子の指示は出すが、基本的に各人の自発的な参加を待つ。

◈活動の進めかた
・1〜9小節目は主にリーダーがテンポ・ルバートしながら歌い、皆が活動の終わりを意識する様子を確認する。
・9小節4拍目の「バイ……」のフェルマータでリーダーはメンバーに向かって「お手を拝借」という動作をしてみせ、手拍子を促す。準備の整ったところで、息を合わせるように合図を出し、10小節目をスタートさせる。

◈この音楽にたどりつくまで
　今までセッションで用いたことのない特徴的な音楽を想像し、インドネシアのペログ音階（をピアノの鍵盤上に置き換えたもの）を選びました。私はこの音階に、さまざまな感情が繊細に混ざり合っているような印象を持っており、歌う動機づけになんらかの影響をもたらすのではないかと考えたからです。使い慣れていない音階なので、まず任意の2音からできる音程の組み合わせをすべて確認しました。そして歌詞の抑揚と照らし合わせながらふさわしい跳躍音程を選んでメロディをつくり、誰かがメロディをおぼえながら歌いたくなった時のことを考え、10小節目以降にあらかじめメロディの掛けあいができるだけのスペースをあけました。また、この音階は転回形や3度あるいは5度の抜けた和音をつくることができるので、基本形の頻度を減らし、穏やかでありながら、少し感傷的な胸騒ぎの起こりそうな、動的な雰囲気を狙った伴奏形をつくりました。常に音階のすべての音が鳴っている伴奏なので、曲の終止はリズムの音価を変えることと、リタルダンドで皆に知らせることにしました。

sayonarAz

鈴木祐仁（作）

活動のおわりに

194

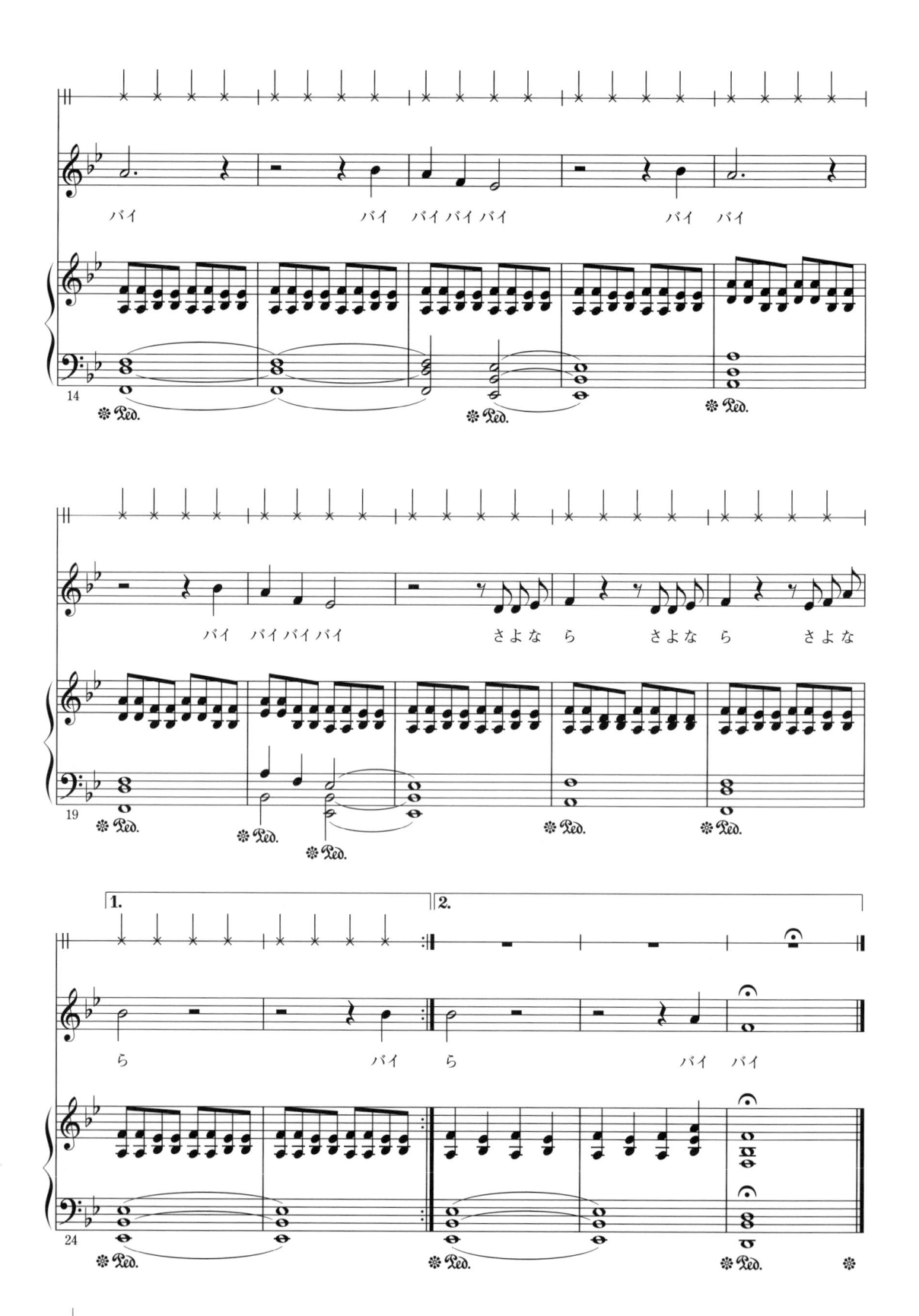

『またこんど　げんきでね』　　松尾香織（作）

❖ 曲の成り立ち
　広汎性発達障害・女子のクライエントと一緒に、セッションのなかでつくっていった曲です。彼女はセッションの終わりを察知するとやりたい活動をどんどんリクエストし、終わることに抵抗を示すことがたびたびありました。そんな彼女に、その日やったことを振り返りながらクールダウンし、「今度は何やろう？」という期待も抱きながら、納得してセッション・ルームを出られるような、〝さようならの歌〟をつくろうと考えました。クライエントは自分が考えた詩が歌になったことを喜び、みずから後半のフレーズを繰り返して、使用した楽器１つ１つにていねいに〝さようなら〟をしました。

❖ 人数と使用楽器　　特に制限なし

❖ 活動の目的
・セッションを振り返り、終わりを意識する。
・セラピストや他のメンバーを意識し、挨拶する。

❖ 留意点
・握手をする。
・楽器を演奏している場合は、手を振る、おじぎをする等で代用。

❖ この音楽にたどりつくまで
　「楽しかった」「明るい笑顔で」「笑って」等のポジティヴな歌詞が並んだ前半部は、今日のセッションを回想するような、穏やかに流れるようなイメージ。後半部の「またこんど」「げんきでね」等では、感謝・約束・希望・名残惜しさ・切なさ等のいろいろな気持ちが表せるよう、フラット・ナインスやディミニッシュ・コードを使いました。

……編者より……
　この曲の伴奏に見られるシンコペーションや長い音、４分音符の連続など、リズムの「間」の工夫は、対象者が歌詞に込めた情緒を改めて味わえるように促すのではないでしょうか。

またこんど　げんきでね

松尾香織（作）

歌詞：
ああ　たのしかーった　あかるいえがおで
わらってー　わらってー　あくしゅをしよう
またこんど　〇〇さん　げんきでね　〇〇さん
バーイ　バーイ　〇〇さん　バイ　バイ　〇〇さん

ポップアレンジの例

『みんなでさようなら』　　青木久美（作）

❖曲の成り立ち
　ある日のフィードバックでの出来事です。アシスタントに「子供の年齢にかかわらず、"バイバイ"の曲でいいのでしょうか？」と疑問を投げかけられました（当時、私は中学生のグループに"バイバイ"という歌詞が入った終わりの曲を用いていました）。その指摘にハッとさせられ、「さようなら」の曲をつくることにしました。
　セラピストが対象児1人1人と挨拶を交わすことにプラスして、できれば皆で「さようなら」という言葉を一緒に言いたい、そうすることで一体感が高まり、穏やかな雰囲気のなかで「終わり」を共有できるのではないか、と考えました。「さようなら」の発声を促すために、4分音符に簡単な下行のメロディをのせています。おぼえやすかったようで、皆で声を合わせて歌ってくれるようになりました。

❖人数と使用楽器　特に制限なし

❖活動の目的
・セッションの終わりを意識し、次回への期待につなげる。
・集団のなかでセラピストと個々のかかわりをもつことで、自分が大切な1人であることを実感する。
・皆で「さようなら」と歌うことで、一体感をもち、集団としての意識を高める。

❖留意点
・呼名の部分では「さようなら」と返してもらうため、その子供に向かってアイコンタクトをとりながら、優しく柔らかい声で歌いかける。
・子供たちが落ち着いて活動に向かえるように、構造に配慮する。

❖活動の進めかた
　メンバー全員が終わりの準備が整ったところで、音楽を提供する。立ち歩いていたり、落ち着かない子供がいたら、しばらく待つ。それでも活動に向かうことが難しい場合は、ゆったりした雰囲気の音楽を即興で提供する。子供たちが全員席についたところで、いったん音楽を止め、改めて前奏を弾く。
　グループの人数が4名以上の場合、呼名の部分（8〜16小節）、あるいはその部分の最後の1フレーズ（15、16小節）を繰り返す。最後の「さようなら」の前の「セーノ」は、必要に応じて合図を入れる。
　メンバー全員が今日のセッションに充足感をもち、次回のセッションへの期待につなげられるよう、心を込めて演奏する。

❖この音楽にたどりつくまで
　最後の「さようなら」を自然と言いたくなるような雰囲気をつくりだすために、アカペラで繰り返し歌いながらつくりました。呼名の部分はとても短いですが、セラピストと1人1人の子供が挨拶を交わす大切な場所です。優しく呼びかけるようなメロディ・ラインに仕上げました。小学校高学年以降の子供を想定し、使用するコードも工夫してみました。

みんなでさようなら

青木久美（作）

♩=80

おんがくはこれでおしまい おわりのじかんがきたね さようなら ○○くん さようなら ○○くん さ

活動のおわりに

……編者より……
　使用コードの意味は文脈によって変わりますが、8小節目のコードが鳴った時に、「なんだ？」という言葉が出る間もなく、反射的に音楽に振り向かされました。構成音が全音音階に近い響きを持つことも、呼びかけの強さに関係があるでしょうか。

● 作曲者紹介（50音順）

青木久美（あおき くみ）
日本音楽療法学会認定音楽療法士。昭和音楽大学音楽芸術運営学科音楽療法コース卒業。同大学院終了。調布市社会福祉協議会、神奈川県内児童発達支援センター、NPO法人等で音楽療法を実践。東京都特別支援学校外部専門員（音楽療法）。

飯島千佳（いいじま ちか）
日本音楽療法学会認定音楽療法士。東邦音楽大学音楽療法専攻卒業。現在、同大学研究員として養成教育に携わる。その他、病院・特別支援学校・放課後等デイサービス・自主グループなどを中心に音楽療法を実践。

生野里花（いくの りか）
米国音楽療法協会・日本音楽療法学会認定音楽療法士。お茶の水女子大学より博士号、基幹研究員。東海大学、放送大学講師。著書『音楽療法士のしごと』、訳書『音楽療法を定義する』（Bruscia）『音楽する人間』（Robbins）他。

小川裕子（おがわ ひろこ）
日本音楽療法学会認定音楽療法士。公認心理師。大阪音楽大学短期大学部卒業。東京都特別支援学校外部専門員（音楽療法）、児童養護施設、発達支援センター等で音楽療法を実践。

岸 加代子（きし かよこ）
武蔵野音楽大学卒業。国際医療福祉大学大学院臨床心理学修士課程修了。日本音楽療法学会認定音楽療法士。臨床心理士。主に知的障害領域で音楽療法を実践。発達相談員として乳幼児健診や保育園等に携わる。

小柳玲子（こやなぎ れいこ）
日本音楽療法学会認定音楽療法士。横浜国立大学教育学部研究科障害児教育専攻卒業。昭和音楽大学講師。障がい児者、精神科領域で実践の他、地域に向けた音楽活動拠点「おとむすび」を主宰。

桜井三月（さくらい みつき）
日本音楽療法学会認定音楽療法士。洗足学園音楽大学ピアノ科卒業。音楽療法士（補）資格取得準備講座修了。同大学院音楽療法コース修了。同大学非常勤講師を経て現在、障がい児、精神科領域にて音楽療法を実践。

鈴木祐仁（すずき ゆうじ）
日本音楽療法学会認定音楽療法士。洗足学園大学シンセサイザー科卒業。東京音楽大学付属高等学校講師。福祉、医療領域で音楽療法を実践。

高田由利子（たかだ ゆりこ）
日本音楽療法学会認定音楽療法士。レズリー大学表現療法学科音楽療法・メンタルヘルスカウンセリング科修士課程修了。ノードフ・ロビンズ音楽療法士。札幌大谷大学准教授。重症心身障害者（児）施設で実践。

高橋友子（たかはし ともこ）
大阪音楽大学ピアノ科卒業。現在、町田市子ども発達センターにて音楽療法を実践。横浜市内民間保育園にて音楽リズム指導。

橋本優子（はしもと ゆうこ）
東京音楽大学声楽科卒業。江原音楽療法専門学校卒業。障害児・者、高齢者を対象とした音楽療法を実践していた。現在は、アメリカ・オハイオ州を経て中国・広東省広州市駐在。

原 千晶（はら ちあき）
日本音楽療法学会認定音楽療法士。東邦音楽大学音楽療法コース卒業。障害児・者、地域高齢者を対象に音楽療法を実践するほか、保育園、地域の児童合唱団の指導を行う。

二俣 泉（ふたまた いずみ）
日本音楽療法学会認定音楽療法士。筑波大学大学院障害児教育専攻修士課程修了。発達障害児・者を対象とした音楽療法を実践。現在、昭和音楽大学准教授。著書『音楽療法の設計図』他。

二俣裕美子（ふたまた ゆみこ）
日本音楽療法学会認定音楽療法士。国立音楽大学教育音楽学科第Ⅱ類（リトミック専攻）卒業。施設等において障害児・者の音楽療法に従事。現在は自宅で音楽療法・ピアノ指導のほかハンドベルの指導をおこなう。

松尾香織（まつお かおり）
日本音楽療法学会認定音楽療法士。洗足学園大学声楽科卒業。施設、自主グループなどで主に障害児・者の音楽療法を実施。

松﨑聡子（まつざき さとこ）
日本音楽療法学会認定音楽療法士。兵庫県音楽療法士。洗足学園音楽大学音楽療法臨床アドバンスコース修了。現在、児童発達支援センター、特別支援学校、放課後等デイサービス、自宅等で児童から成人を対象に音楽療法を実践。

茂庭雅恵（もにわ まさえ）
日本音楽療法学会認定音楽療法士（補）。洗足学園音楽大学音楽教育学科音楽療法コース卒業。知的障害児・者、高齢者を対象に音楽療法を実践。

守重［辻村］絵美子（もりしげ［つじむら］えみこ）
日本音楽療法学会認定音楽療法士。洗足学園大学ピアノ科卒業。同大学音楽療法士資格取得準備講座修了。現在、精神科デイケアや病棟を中心に音楽療法を実践。

音楽療法のためのオリジナル曲集
だれかの音がする

2010年9月25日　第1刷発行
2022年3月10日　第2刷発行

編　　集＝鈴木祐仁
著　　者＝青木久美、飯島千佳、生野里花、小川裕子、岸加代子、
　　　　　小柳玲子、桜井三月、鈴木祐仁、高田由利子、高橋友子、
　　　　　橋本優子、二俣泉、二俣裕美子、松尾香織、松﨑聡子、
　　　　　原千晶、茂庭雅恵、守重絵美子
発行者＝神田　明
発行所＝株式会社　春秋社
　　　　〒101-0021　東京都千代田区外神田2-18-6
　　　　電話　（03）3255-9611（営業）・（03）3255-9614（編集）
　　　　振替　00180-6-24861
　　　　https://www.shunjusha.co.jp/
装　　画＝高畠　純
装　　幀＝本田　進
印刷・製本＝萩原印刷株式会社
楽譜浄書＝株式会社クラフトーン

ISBN 978-4-393-93555-2 C0073　　　　　　　Printed in Japan
定価はカバー等に表示してあります

春秋社

日野原重明（監修）
篠田知璋・加藤美知子（編集）
標準 音楽療法入門
（上）理論編　（下）実践編

（上）3080円
（下）3520円

音楽療法士志望者に必須の医学的知識と音楽テクニックを網羅した、音楽療法の初めてのスタンダード・テキスト。［上］＝音楽療法の歴史と理論、音楽心理学、医学的知識（心身症、精神疾患など）。［下］＝児童・成人の音楽療法、音楽療法テクニック、受容的音楽療法、記録と評価、倫理。執筆者＝松井紀和、栗林文雄、村井靖児、土野研治、二俣泉、生野里花ほか。日本音楽療法学会 推薦

生野里花・二俣泉（編集）
静かな森の大きな木
音楽療法のためのオリジナル曲集

2420円

障害児・者を対象とする音楽療法セッションで生まれたオリジナルの名曲・珍曲・音楽遊びの合計63の活動を収録。曲の成り立ちや応用法など丁寧な解説つき。作曲者計14名。

クライヴ・ロビンズ／生野里花（訳）
音楽する人間
ノードフ－ロビンズ創造的音楽療法への遙かな旅

DVD付
3520円

内なる音楽に働きかけ全人的な健やかさを目指す創造的音楽療法。人智学、人間性心理学と共振しつつ半世紀をかけて築きあげた創始者の軌跡。日本版限定付録DVD付（117分）。

生野里花
音楽療法士のしごと

2200円

療法士としての基本的な心構え、学ぶべき事柄を説くと同時に、音楽療法の根源にある問題――人が癒されるとはどういうことか、なぜ音楽なのかを実践の現場から問いかける。

デボラ・サーモン／生野里花（監訳）
歌の翼に　緩和ケアの音楽療法

DVDブック
6600円

緩和ケア／ホスピスの音楽療法士の活動を記録した貴重なドキュメンタリー（字幕付）。死に臨む患者と家族に相対し、音楽は何を語るのか。日本語版独自の詳細な解説＋論考付。

二俣 泉
音楽療法の設計図
CDで聴くセッションのアイデア

2310円

発達障害児者を対象にした「療法的な音楽活動」の組み立てかたを、理論的背景からセッションの計画と流れ、楽器の使いかたまで丁寧に解説。オリジナル楽曲の楽譜とCD付。

佐々木和佳・伊志嶺理沙・二俣泉（共著）
認知症 ケアと予防の音楽療法

2420円

認知症のケア、そして予防に役立つ実践的な音楽プログラムとは？　認知症の現状と、ケアと予防の理念・原則をていねいに解説し、音楽の活用法を探る。

加勢園子、ステファン・パップ（共著）
スウェーデンの
FMT脳機能回復促進音楽療法

DVDブック
3080円

ADHDや読み書き困難の児童に有効とされ北欧で普及するFMT初の入門書。音楽を使った動作療法とも呼ばれる独特のメソッドをセッション記録のDVD（46分）と共に紹介。

新倉晶子
音楽で寄り添うということ
ホスピス緩和ケアの音楽療法

2090円

日本のホスピス草創期から現場の最前線で日本人の看とりの音楽を模索してきた著者が語る、ホスピスマインドと臨床の実際。病をもつ人と「共にあること」の真髄に触れる好著。

中山ヒサ子
ホスピスケアと音楽
室蘭市カレス・マーク ホスピスの実践

DVDブック
3190円

「死を待つ」場所ではなく「いのちを生きる」場へ。実際の患者・家族のホスピスの暮らしを捉えた貴重な映像。究極の全人的ケアの試みと音楽療法の役割。DVD付（48分）。

メリッサ・マルデ（他著）／小野ひとみ（監訳）
歌手ならだれでも知っておきたい
「からだ」のこと

2640円

ボディ・マッピングによる「身体の正しい使い方」。クラシック、ミュージカル、合唱などジャンルを問わず、呼吸や共鳴システム、発音、あがり症克服まで網羅した決定版。

価格は税込（10%）